Feng Shui im Garten

Elisabeth Kislinger/Helga Hofmann

Feng Shui im Garten

Mehr Harmonie, Freude und Wohlbefinden
durch gezielte Gestaltung und Pflanzenwahl

Bassermann

Nach Feng-Shui-Regeln gestaltete Gärten strahlen eine ganz besondere Harmonie aus und lassen den Energiefluß Ch'i in allem und jedem fließen.

„Alles – jede Materie und Form – ist Energie. Sie ist Yin und Yang, die Bewegung von Sonne, Mond und Sternen, alles, was entsteht und sich auflöst. Sie ist Wolke, Dunst, Nebel und Feuchtigkeit. Das Herz aller lebenden Wesen, allen Wachstums und jeglicher Entwicklung ist die Energie."
Lu Yen

Feng Shui – magische Worte, die für Glück, Gesundheit und Erfolg stehen. Was Skeptiker noch immer zu esoterischem Humbug erklären und Anhänger zum Credo ihrer Lebensführung machen, ist eine jahrtausendealte chinesische Lehre. Sie zeigt uns, wie es dem Menschen am besten gelingt, im Einklang mit den Kräften der Natur zu leben. Alles dreht sich um die kosmische Energie Ch'i, die nach fernöstlicher Sicht in allem und jedem fließt und dadurch alles verbindet, die belebte wie die unbelebte Welt. Die Kunst des Feng Shui besteht darin, den Energiefluß so zu lenken, daß der Mensch möglichst großen Nutzen von ihm hat.

Viele von uns, insbesondere Stadtmenschen, zieht es nach einem erschöpfenden Arbeitsalltag hinaus in die Natur. Sie haben erkannt, daß sie dort buchstäblich Kraft tanken können, auch wenn sie nicht unbedingt zu erklären vermögen, warum das so ist. Ersetzen Sie doch den Ausdruck „Kraft tanken" mit „Ch'i in sich sammeln"! Die Beschäftigung mit Feng Shui lehrt uns, uns selbst und unsere Umgebung mit anderen Augen zu sehen.

Wer einen Garten sein eigen nennt, hat die Natur gewissermaßen vor seiner Haustür. Um Energie zu tanken, muß er nicht weit gehen. Feng Shui gibt ihm die Mittel an die Hand, den Garten zu seinem

eigenen kleinen Paradies zu machen. Gärten, die nach Feng-Shui-Regeln angelegt und gestaltet wurden, strahlen eine ganz besondere Harmonie aus, die jeden Menschen unwillkürlich anspricht.

Nun wäre die Lehre des Feng Shui aber gründlich mißverstanden, würde man annehmen, ein Feng-Shui-Garten müsse ein ganz bestimmtes Aussehen haben und ganz bestimmte, vorgegebene Elemente enthalten. Tatsächlich kann jeder Garten in einen Feng-Shui-Garten verwandelt werden. In diesem Buch finden Sie viele Anregungen, wie Sie die Regeln des Feng Shui – auf unsere Kultur übertragen – im eigenen Garten anwenden können. So kommen auch Sie in den Genuß eines ausgewogenen, Harmonie und Lebensfreude erzeugenden Ch'i.

Unterliegen Sie aber nicht dem Irrtum, Ihr Garten wäre jemals fertig. Das widerspräche zutiefst der Philosophie des Ostens. Diese lehrt uns nämlich, daß sich das Leben in ständiger Veränderung befindet. Deshalb kann es auch keine abschließende, dauerhafte Lösung bei der Gartengestaltung geben. Vielmehr muß ein ständiges Ausprobieren zur steten Weiterentwicklung des Gartens führen. Schließlich sollte auch der Mensch auf dem Weg zum Glück niemals stehenbleiben.

„Warum ich zuletzt am liebsten mit der Natur verkehre, ist, weil sie immer recht hat und der Irrtum bloß auf meiner Seite sein kann."
Goethe

In diesem Garten bildet der Rasen das Energiezentrum Tai Ch'i, in dem sich die Lebensenergie Ch'i sammeln kann. Die verschiedenen Formen und Farben der Pflanzen ringsum vereinen die Fünf Elemente.

Die Lehre des Feng Shui

Nach einer jahrtausendealten fernöstlichen Lehre stellt die Welt in ihrer Gesamtheit ein großes Ganzes dar. Die Natur, der Kosmos, der Mensch und alle Dinge um ihn herum stehen gleichsam wie Teile eines einzigen, riesigen Organismus untereinander in direktem Zusammenhang und beeinflussen sich gegenseitig. Jegliche Veränderung des Bestehenden, ob von kosmischer Größe oder von atomarer Winzigkeit, ruft eine Resonanz hervor, deren Wirkung wir uns nicht zu entziehen vermögen. Ch'i nennen die Chinesen diese alles verbindende Kraft.

Ch'i können wir uns als eine Art Energiestrom vorstellen, der die Welt durchzieht. Die kosmische Energie fließt in und um alles und jedes, sei es unbelebt oder lebendig.

Entsprechend der Vorliebe der Chinesen, sich mit Bildern und Symbolen auszudrücken, wird seit eh und je beim Feng Shui sehr viel mit Symbolen gearbeitet. Der grundlegende Gedanke aber ist, in jeder Hinsicht harmonische Verhältnisse anzustreben. So gesehen steht Feng Shui uns Europäern keineswegs so fern, wie viele zunächst glauben. Auch wir empfinden eine harmonische Umgebung, ein ausgewogen gestaltetes Ambiente als ausgesprochen wohltuend, nur haben wir uns dies bisher nicht mit „positiven Energieströmen" erklärt, sondern schlicht mit gutem Geschmack.

Wind und Wasser

Die chinesischen Schriftzeichen für Feng Shui bedeuten, wörtlich übersetzt, Wind und Wasser. Wir haben es also mit der Lehre von Wind (gleichbedeutend mit Luft) und Wasser zu tun, zwei Naturelementen, die voller Symbolkraft stecken. Beides sind elementare Bestandteile unseres Lebens und somit grundlegende Formen der Lebensenergie Ch'i.

Wind und Wasser haben gemeinsam, daß sie nicht direkt greifbar sind. Ihr Zusammenspiel im Kosmos ist für den menschlichen Geist nicht vollständig nachzuvollziehen. Beide können eine positive oder auch negative Wirkung haben, je nach der Stärke ihrer Bewegung. Und trotz aller technischen Errungenschaften sind sowohl der Wind als auch das Wasser nach wie vor vom Menschen nicht zu kontrollieren. Dadurch erscheinen uns diese Elemente unberechenbar, ja in gewisser Weise mystisch.

Sehr früh schon haben die Menschen die Notwendigkeit erkannt, sich mit den Naturelementen zu arrangieren, im Fernen Osten wie überall sonst auf der Welt. In der chinesischen Kultur entstand aus diesen Erkenntnissen heraus Feng Shui, die Lehre von einem Leben in Harmonie mit der Erde.

風

水

Die chinesischen Schriftzeichen für Feng Shui entsprechen den Zeichen für Wind (oben) und Wasser (unten).

Das Tao, der Weg des Universums

Grundlage des Feng Shui bildet die alte chinesische Philosophie des Taoismus. „Tao", das bedeutet übersetzt soviel wie „Weg des Universums" oder „Ordnung der Natur". Kurz ausgedrückt lehrt der Taoismus, daß es in der Welt nichts Statisches gibt, sondern sich alles im Wandel befindet und zugleich alles untereinander zusammenhängt. Die Bewegung der Dinge wahrzunehmen und die Zusammenhänge zu erkennen sei aber nur aus der absoluten Ruhe heraus möglich.

Ist es nicht genau das, was uns Europäern zumeist fehlt: die Ruhe der Betrachtung, vor allem, wenn es darum geht, die Schönheiten der Natur zu entdecken und zu erleben? Die Beschäftigung mit Feng Shui kann in dieser Hinsicht unsere Sinne schärfen und die Wahrnehmung schulen – und schon allein dadurch unsere Lebensqualität steigern.

„Es ist aber gerade der Osten, der uns ein anderes, weiteres, tieferes und höheres Begreifen lehrt, nämlich das Begreifen durch das Leben."
Carl Gustav Jung

Die zirkulierende Energie Ch'i

Ch'i könnte man als den Atem des Lebens oder als kosmische Universalenergie beschreiben. Ein wirklich gleichwertiges Wort jedoch gibt es weder im Deutschen noch in einer anderen westlichen Sprache. Dies ist ein Zeichen dafür, daß wir die Kraft, die unser Leben bestimmt und erhält, nicht bewußt wahrnehmen.

Im Feng Shui ist Ch'i, die alles vereinende und umfassende Energie, sowohl für die Welt als auch für unsere menschliche Existenz der wichtigste Faktor. Feng-Shui-Meister arbeiten in erster Linie mit dieser Energie. Sie trachten danach, den Ch'i-Fluß der Umgebung zu lenken und zu verstärken, um auf diese Weise das menschliche Ch'i zu verbessern und somit Lebenskraft, Glück und Wohlstand zu mehren. Doch gibt die Lehre des Feng Shui auch jedem einzelnen von uns die Mittel an die Hand, seinen Lebensraum so zu gestalten, daß Ch'i darin überall harmonisch fließen kann.

Es liegt in der Natur des Ch'i, daß es sich wie ein dahinschlängelnder Wiesenbach in Wellenlinien voranbewegt. Demzufolge haben Umweltveränderungen, die geradlinige Strukturen ergeben, stets ungünstige Auswirkungen. Das gilt gleichermaßen für begradigte Flüsse wie für Kanäle, Autobahnen oder Stromleitungen.

Um Harmonie zu erzeugen, muß Ch'i in sanften Schwüngen frei fließen können. Wird es in seiner Bewegung blockiert oder fängt es sich in einem toten Winkel, ist die Harmonie gestört. Nach chinesischer Ansicht läßt sich das Ch'i aber durch Formen, Farben und Klänge beeinflussen. Die Kunst des Feng Shui besteht nun gerade darin, durch gezieltes Gestalten der Umgebung sowie durch Einsatz von „Hilfsmitteln" einen gleichmäßigen, harmonischen Ch'i-Fluß sicherzustellen.

Die Energie Ch'i bewegt sich wie ein dahinschlängelnder Wiesenbach in Wellenlinien voran.

Wird bei Schneeschmelze aus einem idyllischen Bergbach ein reißender Fluß, wandelt sich Ch'i in das unheilstiftende Sha.

Zuviel Ch'i ist ungesund

In der chinesischen Philosophie hat alles einen Gegenpart, so auch Ch'i. Zuviel Ch'i kann leicht in die negative, zerstörerische Energie Sha umschlagen. Diese Erkenntnis sollte man bei der Gartengestaltung berücksichtigen, indem man gleichermaßen Orte mit hohem Energiepotential und solche mit ruhigem Energiefluß schafft.

Aus der Naturbeobachtung wird auch verständlich, warum im Feng Shui jegliche geradlinigen Verläufe mit Skepsis betrachtet werden. Ein idyllischer Bergbach etwa, der sich in vielen Windungen gemächlich seinen Weg ins Tal sucht, kann sich zu Zeiten der Schneeschmelze in einen reißenden Fluß verwandeln. Während bei einem mäandrierenden Verlauf die Energie des Wassers immer wieder eine natürliche Bremse findet, können im geradlinigen Strom sogar Hindernisse wie große Steine oder Bäume einfach mitgerissen werden. So ähnlich mag man sich den Energiefluß Ch'i vorstellen, der sich auf geraden, ungebremsten Bahnen zum reißenden, unheilstiftenden Sha wandelt.

„Die Menge macht das Gift."
Paracelsus

Sha wird in der Vorstellung der Chinesen ebenfalls durch sogenanntes schneidendes Ch'i erzeugt, das durch scharfe Kanten entsteht. Das können z.B. Mauer- oder Dachkanten, Strommasten oder Kirchtürme sein, die auf Ihren Garten, womöglich sogar direkt auf Ihren Sitzplatz weisen. Feng Shui bietet für solche Situationen jedoch verschiedene Lösungsmöglichkeiten an.

DIE FÜNF ELEMENTE UND IHRE ZUORDNUNG

Elemente	Holz	Feuer
Jahreszeit	Frühling	Sommer
Tageszeit	Morgen	Mittag
Himmelsrichtung	Osten	Süden
Farbe	Grün, Hellblau	Rot
geometrische Form	hohes, schlankes Rechteck	Pyramide, nach oben weisendes Dreieck, Spirale
Beispiele im Garten	schlanke Bäume, Säulen, hoch aufragende Gegenstände, hölzerne Gegenstände	rote Blumen, Gartenleuchten, moderne Skulpturen
förderndes Element	Wasser (nährt das Holz)	Holz (nährt das Feuer)
hemmendes Element	Metall (Axt spaltet Holz)	Wasser (löscht Feuer)

Die beiden Pole Yin und Yang

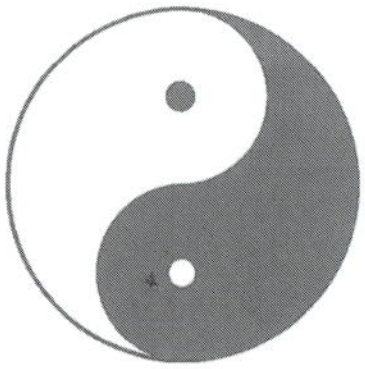

Die beiden Pole Yin und Yang ergänzen sich zu einem sinnvollen Ganzen. Die Punkte zeigen, daß sich im Yin immer auch ein wenig Yang findet und umgekehrt.

Yin und Yang sind als die beiden Pole zu verstehen, zwischen denen sich alles auf der Erde abspielt. Und wie bei einem Magneten oder der Erdkugel nicht ein Pol ohne den anderen existieren kann, ergänzen sich Yin und Yang zu einem sinnvollen Ganzen. Das schwarzweiße Symbol mit den umeinandergeschlungenen „Hälften" versinnbildlicht dies. Es gibt kein Entweder-Oder, nur das Zusammenwirken beider Gegensätze führt zu einem harmonischen Gefüge.

Das vollkommene Kreissymbol vor Augen, muß die Ausgewogenheit von Yin und Yang in jeder Hinsicht das Ziel sein, will man ein harmonisches Leben führen. Die Beschäftigung mit Feng Shui hilft uns dabei. Sie schult den Blick dafür, Yin- und Yang-Elemente – wie etwa Himmel und Erde, Sonne und Mond, Tag und Nacht, Bewegung und Stille, Aktivität und Ruhen, Licht und Schatten, heiß und kalt, hart und weich – im eigenen Umfeld zu erkennen, und zeigt Möglichkeiten auf, bewußt für Ausgleich zu sorgen.

Erde	Metall	Wasser
Spätsommer	Herbst	Winter
Nachmittag	Abend	Nacht
Mitte	Westen	Norden
Braun, Gelb	Weiß, Silber, Gold	Dunkelblau, Schwarz
horizontaler Kreis, Quadrat	Kugel	wellenförmige Linien, unregelmäßig geformte Körper
Tonfiguren und -töpfe, Bodenbeläge aus Stein	Rosenkugeln, runde Tische, runde Rabatten, Bögen	fließendes oder stehendes Wasser, Klangspiele
Feuer (erzeugt Asche, die ihrerseits zu Erde wird)	Erde (enthält Erze)	Metall (geschmolzenes Metall fließt wie Wasser)
Holz (entzieht der Erde Nährstoffe)	Feuer (kann Metall schmelzen)	Erde (dämmt das Wasser ein)

Die Fünf Elemente

Mit der Yin-Yang-Symbolik ist die Anschauung verbunden, daß die Welt aus beständigen Wandlungsvorgängen besteht. Im Taoismus werden fünf grundsätzliche Energiequalitäten unterschieden, die „Fünf Elemente". Anders als wir verstehen die Chinesen unter „Element" keine materielle Substanz, sondern eine Eigenschaft der kosmischen Kraft. Ausgedrückt werden die Fünf Elemente, die aus präzisen Naturbeobachtungen entstanden sind, durch Bezeichnungen aus der Welt der Natur: Holz, Feuer, Erde, Metall und Wasser. Doch nicht nur Natürliches, ebenso alles von Menschen Geschaffene läßt sich diesen Elementen zuordnen. Welches Element bei einem bestimmten Gegenstand am stärksten ausgeprägt ist, wird festgelegt durch dessen Eigenschaften, etwa dessen Form oder Farbe. Sogar Tages- und Jahreszeiten sowie Himmelsrichtungen haben nach der Feng-Shui-Lehre eine gewisse Elementqualität. In der Tabelle auf Seite 12/13 finden Sie die Zuordnungen der verschiedenen Dinge und Eigenschaften zu den einzelnen Elementen zusammengestellt.

Die fünf Energiequalitäten bleiben aber nicht konstant bestehen, sondern gehen ineinander über. Ein Element fördert das zweite, dieses das nächste, bis sich der Kreis schließt. Umgekehrt übt jedes auch einen kontrollierenden, hemmenden Einfluß auf ein anderes aus. In der bewährten Bildersprache kann man es sich z. B. so vorstellen: Wasser nährt (fördert) Holz, wie der Regen den Baum zum Wachsen bringt. Andererseits hemmt (kontrolliert) Wasser das Element Feuer, wie ein Wasserschwall die Flamme zum Erlöschen bringt. Sowohl für die fördernden wie für die hemmenden Beziehungen der Elemente untereinander läßt sich ein Kreis gegenseitiger Einflußnahme aufzeichnen, Schöpfungs- bzw. Kontrollzyklus genannt. Wer die Elementzyklen kennt, findet in ihnen eine wertvolle Hilfe, wenn es gilt, einzelne Elemente gezielt zu verstärken oder zu mindern, um in seiner Umgebung Ausgewogenheit zu erreichen.

Das Bagua, Spiegel des Lebens

„Der Mensch kann nicht tausend Tage ununterbrochen gute Zeit haben, so wie die Blume nicht hundert Tage blühen kann."
Tseng Kuang

Ein wichtiges Hilfsmittel in der Praxis des Feng Shui stellt das Bagua dar, eine achteckige Figur mit langer geschichtlicher Tradition. Acht periphere Sektoren sowie ein zentrales Feld enthalten ursprünglich zahlreiche Symbole und Schlüsselworte, aus denen ein Feng-Shui-Meister Hinweise ziehen kann auf günstige und auf ungünstige Situationen.

In vereinfachter Form weist das Bagua neun Felder auf, die unseren wichtigsten Lebensbereichen zugeordnet sind. Erinnern wir uns, daß für die Chinesen Haus, Garten und Landschaft von Lebensenergie durchströmt werden und insofern mit einem Lebewesen vergleichbar sind. Wie wir aus verschiedenen Körperteilen und Organen bestehen, so erfüllen die einzelnen Bereiche eines Hauses oder Gartens bestimmte Funktionen. Nach der Lehre des Feng Shui spiegelt der jeweilige Zustand dieser Zonen die aktuelle Situation in dem entsprechenden Lebensbereich wider. Das Bagua hilft uns dabei, die verschiedenen Zonen zu erkennen, damit wir sie im Bedarfsfall gezielt aktivieren können.

Tai Ch'i, das Energiezentrum, liegt in der Mitte. Es repräsentiert die Lebenskraft, die physische und psychische Gesundheit, den Ursprung von allem, was uns ausmacht. Rings um Tai Ch'i herum gruppieren sich folgende Bagua-Felder:

DAS BAGUA

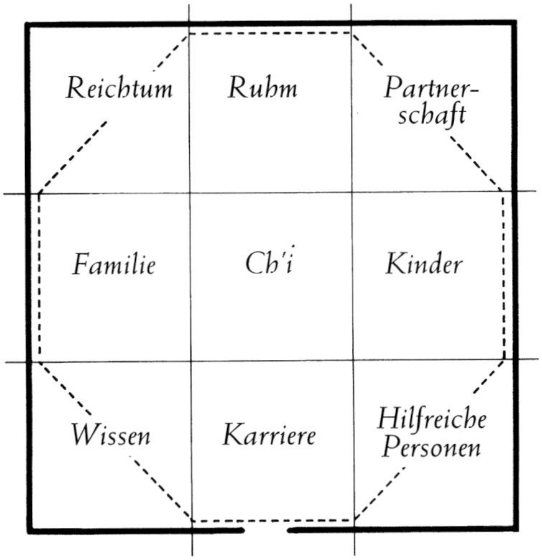

Zugang zum Grundstück

Karriere: Diese Zone steht für den beruflichen oder geschäftlichen Erfolg. Ebenso symbolisiert sie Ihr Handeln und Können, Ihre wahre Lebensaufgabe, im weiteren Sinn Ihren gesamten Lebensweg.

Hilfreiche Personen: In dieser Zone spiegeln sich Ihre Beziehungen zu guten Freunden und zu wohlmeinenden Ratgebern. Auch wenn Sie sich mit Reiseangelegenheiten oder Außenhandel, überhaupt mit Kontakten in die Ferne befassen, sind Sie mit dieser Zone verbunden.

Kinder: Hier sind nicht nur tatsächliche Kinder von Bedeutung, sondern auch Dinge, um die man sich intensiv kümmern muß, die regelmäßige Pflege und Zuwendung brauchen, etwa Haustiere oder ein zeitaufwendiges Hobby.

Partnerschaft: Dieser Bereich des Baguas symbolisiert die Beziehung zu einem sehr nahestehenden Menschen, sei es der Ehegatte oder Lebenspartner, sei es eine Liebschaft oder „nur" ein guter Freund. In gleicher Weise lassen sich Dinge oder Beschäftigungen, die einem wirklich wichtig sind, dieser Zone zuordnen.

Ruhm: Dieser Begriff steht im Feng Shui für den allgemeinen Ruf, den man genießt, für eine Fähigkeit oder Gesinnung, für die man bekannt ist.

Reichtum: Materieller Wohlstand und Luxus wird von dieser Zone ebenso repräsentiert wie geistiger Reichtum und „bereichernde" Erfahrungen, die man im Leben macht.

Familie, Gesundheit: In dieser Zone spiegelt sich zum einen die familiäre Situation, zum andern die Zugehörigkeit zu einer Gruppe (Verwandtschaft, Arbeitsgruppe, Kollegenkreis, Vereinsfreunde usw.) und nicht zuletzt die Gesundheit.

Wissen: Diesem Bereich werden einerseits akademische Kenntnisse und fachliches Know-how zugeordnet, weit mehr aber das

„persönliche Wissen", Intuition, Lebensweisheit und das Bestreben, sich weiterzubilden.

Wie das Bagua bei der Gartengestaltung anzuwenden ist, lesen Sie ab Seite 22.

Die Himmlischen Tiere

Mit diesen Tierfiguren pflegen die Chinesen das landschaftliche Umfeld zu beschreiben. Die verschiedenen Tiere stehen dabei für bestimmte Eigenschaften der Umgebung. Obwohl die Tiere überaus lebensecht dargestellt werden, handelt es sich doch um Wesen, die in der realen Welt unsichtbar sind.

Drache

Tiger

Schildkröte

- Der grüne Drache wohnt im Osten und ist dem Yang zugeordnet. Wenn er gegenwärtig ist, herrscht Glück und Wohlstand. Kein Wunder also, daß er ein besonderes Glückssymbol der Chinesen darstellt. Er besitzt Weitblick und steht für die Weisheit des Verstandes, für Zuverlässigkeit und Stabilität. Seine Jahreszeit ist der Frühling. Typischerweise hat er stets den Tiger als Gegenüber.
- Der weiße Tiger ist dem Westen, dem Herbst und dem Element Metall zugeordnet. Als Yin-Tier kann er sich kraftvoll verteidigen, aber auch angreifen und gilt aus diesem Grund als unberechenbar. Symbolhaft steht er für die Gefahr, die von Naturgewalten ausgehen kann. Andererseits ist es durchaus beruhigend, den Tiger auf der Westseite seines Anwesens zu wissen, zeigt er sich doch allzeit bereit, Bedrohungen von außen mutig abzuwehren. Die Unberechenbarkeit und Gefährlichkeit der Raubkatze kann unter Umständen jedoch den inneren Frieden des Hauses gefährden.
- Die schwarze Schildkröte befindet sich im Norden und steht für das Element Wasser und die Jahreszeit Winter. Dank ihres Panzers ist sie der Inbegriff von Sicherheit und Stabilität. Wer die Schildkröte in seinem Rücken weiß, kann sich in Sicherheit wiegen, denn er kann nicht hinterrücks angegriffen werden. Darüber hinaus stellt die Schildkröte ein treffendes Symbol für Langlebigkeit dar.
- Der rote Phönix, ein sagenhafter Zaubervogel, der nie stirbt, hat seinen Standort im Süden. Seine Attribute sind das Feuer und der Sommer. Er braucht den freien Raum, um sich ungehindert in die Lüfte erheben zu können. Dann fliegt er weit voraus und sucht die Landschaft in der Ferne nach Gefahren oder Neuigkeiten ab. Mit die-

ser Eigenschaft steht er für unsere Fähigkeit, mit den Sinnen Informationen über die Umgebung und das Geschehen rings um uns zu sammeln, aber auch für Wendigkeit und Voraussicht. Zudem wirkt er durch seine Schönheit überaus anregend, ja sogar aufregend.

Phönix

Wenngleich jedes der Himmlischen Tiere in seiner ursprünglichen Bedeutung einer bestimmten Himmelsrichtung zugewiesen ist, können sie auch davon unabhängig gesehen werden. Im Unterschied zu unserem westlichen Denken bestimmt im Feng Shui vorrangig der Standort des Menschen die Richtung. Ausgehend von der Blickrichtung des Beobachters befindet sich der Drache immer auf der linken Seite, der Tiger ihm gegenüber, also rechts. Die Schildkröte sitzt im Rücken des Beobachters, der Phönix präsentiert sich vorne.

Wie Sie die Himmlischen Tiere bei der Gestaltung Ihres Gartens am besten berücksichtigen, lesen Sie auf Seite 19 f.

Auf der Drachenseite des Gartens stehen am besten höherwüchsige Pflanzen. Von dem freien Raum in der Mitte kann sich der Phönix ungehindert in die Lüfte erheben.

Der mustergültige Feng-Shui-Garten von Thomas Bao Shann Suen in Husum entspricht mit Pagoden, Bogenbrücke und geschwungenen Wegen, die das Restaurant „Bambuspalast" umrahmen, ganz der chinesischen Gartenbaukunst.

Der Feng-Shui-Garten

Ein Garten hat nicht nur dann gutes Feng Shui, wenn er im traditionellen chinesischen Stil angelegt und ausgestattet ist. Zwar sind fernöstliche Gartenaccessoires heutzutage auch bei uns überall erhältlich, doch zweifellos entsprechen sie nicht jedermanns Geschmack. Wichtig ist vielmehr, daß der Garten zu den Menschen, die ihn nutzen, paßt. Ob man seinen Garten eher bäuerlich-üppig oder sachlich-schlicht gestaltet, ob man Maiglöckchen pflanzt oder Bambus, ob man Skulpturen aufstellt oder chinesische Porzellanvasen, hängt allein vom persönlichen Geschmack ab.

Für gutes Feng Shui kommt es nicht auf das Was, sondern auf das Wie an. Wichtig ist die richtige Anordnung der Gestaltungselemente und die persönliche Beziehung zum Garten. Das allumfassende Ch'i kennt keine Ländergrenzen und macht keine Unterschiede zwischen verschiedenen Traditionen und Stilrichtungen. Ausschlaggebend ist, daß man die Kraft und die Bewegung des Ch'i kennt und es in richtiger Weise lenkt.

Der Energiefluß im Garten

„**Die Gärten sind zur Nahrung des Herzens gemacht.**"
Chinesische Weisheit

Der Energiefluß Ch'i sollte ungehinderte Zutrittsmöglichkeit zum Garten haben und diesen dann in sanften Schwingungen durchziehen. Dabei sollte er keine größeren Flächen unberührt lassen und sich in keinem Gartenbereich stauen. Achten Sie darauf, daß Gartentür und Hauseingang bzw. rückwärtige Gartentür und Terrassentür nicht auf einer geraden Linie liegen. In einem solchen Fall würde das Ch'i nicht im Garten verweilen, sondern geradewegs durch ihn hindurchrauschen wie auf einer Autobahn. So vermag es den Bewohnern aber keinen Nutzen zu bringen.

Der richtige Energiefluß im Garten ist so entscheidend, daß es sich in jedem Fall lohnt, dafür auch einmal eine Tür zu versetzen oder andere größere Umbaumaßnahmen in Kauf zu nehmen.

Die Himmlischen Tiere im Garten

Unter den verschiedenen Feng-Shui-Konzepten eignet sich die Symbolik der Himmlischen Tiere besonders gut, um sie bei der Anlage eines Gartens anzuwenden, sei er nun groß oder klein, chinesisch oder deutsch, wildromantisch oder sehr gepflegt.

Zwar sind die Himmlischen Tiere grundsätzlich bestimmten Himmelsrichtungen zugeordnet (siehe Seite 16), weist Ihr Garten jedoch nicht die entsprechende Orientierung auf, ist das kein Beinbruch. Die Schildkröte soll Schutz und Geborgenheit bieten sowie Feinde abhalten. Sie erfüllt diese Funktion, wenn sie in Form der Hauswand im Rücken des Gartenbetrachters liegt.

Der Phönixaspekt des Gartens ist hingegen immer der am weitesten vom Haus entfernte Gartenteil, in der Regel der Bereich an der Grundstücksgrenze. Da der Zaubervogel Phönix für seine Höhenflüge eine freie Bahn benötigt, sollte das Grundstück in gerader Blickrichtung vom Haus weg nicht durch eine hohe Mauer oder Hecke von seiner Umgebung abgeschnitten sein.

Stehen Sie mit dem Rücken zum Haus, befindet sich die Drachenseite des Gartens stets zu Ihrer Linken, die Tigerseite zu Ihrer Rechten. Nach den Regeln des Feng Shui sollte der glückbringende Drache die Tigerseite deutlich an Höhe überragen. Setzen Sie daher auf der Drachenseite höherwüchsige Pflanzen ein oder modellieren

Dieser Gartenplan entspricht ganz den Feng-Shui-Kriterien: Auf der Drachenseite (links) stehen höhere Bäume und Sträucher, auf der Tigerseite (rechts) niedrige Strauchgruppen. Vom Haus aus erstreckt sich die offene Wiese bis zum Schwimmteich. Sie wird an der Grundstücksgrenze nur durch niedrige Stauden umrahmt, um einen freien Blick zu haben.

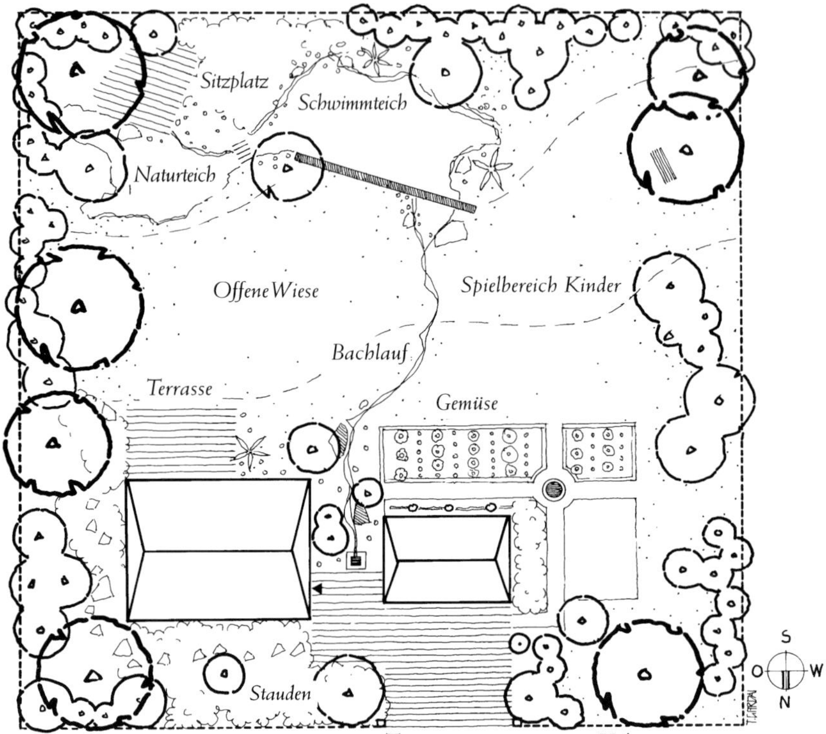

Sie dort einen kleinen Hügel. Prüfen Sie vor dem Pflanzen hoher Bäume aber die tatsächliche Himmelsrichtung. Was nützt Ihnen ein guter Drachenaspekt, wenn dem ganzen Garten danach die Sonne fehlt?

Die Tigerseite hat sich der Drachenseite optisch, insbesondere in der Höhe der einzelnen Gartenelemente, unterzuordnen. Weil der Tiger jedoch ein unberechenbares Wesen zeigt, sollte der Garten an dieser Grundstücksgrenze nicht gänzlich offen sein. Besser ist es, ihn dort mit einer niedrigen Hecke oder einzelnen, kleinen Sträuchern zu schützen.

Was aber, wenn der Garten nicht nur auf einer Seite an das Haus anschließt, sondern sich auf zwei oder drei Seiten um das Wohngebäude herumzieht? Nun, dann gibt es eben mehrere Schildkrötenseiten und ebenso viele Drachen-, Phönix- und Tigeraspekte des Gartens. Die Gartenteile vor, neben und hinter dem Haus können jeweils wie separate Gärten betrachtet werden.

Die Fünf Elemente im Garten gezielt einsetzen

Auch das Zusammenspiel der Fünf Elemente ist für die Gestaltung eines Gartens nach Feng Shui wichtig. Stecken Sie jedoch Ihre Ziele in dieser Hinsicht nicht zu hoch. In jedem einzelnen Gartenteil eine ideale Ausgewogenheit sämtlicher Elemente zu erreichen ist eine Aufgabe für erfahrene Feng-Shui-Meister. Was aber keineswegs heißt, daß Sie sich nicht bemühen sollten, offensichtliche Ungleichgewichte durch Einbringen des entsprechenden Gegenelements auszugleichen. Insbesondere wenn unveränderliche äußere Gegebenheiten das Ch'i im Garten beeinflussen, kann man mit dem Wissen um die Fünf Elemente und ihre gegenseitige Wirkung der Situation begegnen.

Dazu nur ein Beispiel: Steht an der Grundstücksgrenze eine der üblichen hohen Straßenlaternen, die dem Element Feuer zugeordnet sind, übt diese ohne Zweifel einen konstanten Einfluß auf den Garten aus. Bei Tage sieht der nackte Stahlmast wenig apart aus, bei Nacht wirft die Lampe unablässig Licht in den Garten. Mit Feng-Shui-Mitteln läßt sich eine solche Situation z. B. folgendermaßen ausgleichen: So kann man das Element Holz ins Spiel bringen, denn es unterstützt Feuer auf positive Weise (siehe Seite 12). Vielleicht besteht die Möglichkeit, den Mast der Lampe mit Kletterpflanzen (siehe Tabelle Seite 68) zu kaschieren. Oder man pflanzt an der Grundstücksgrenze großblättrige, immergrüne Sträucher wie Stechpalme *(Ilex aquifolium)*, Immergrünen Schneeball *(Viburnum rhytidophyllum)* oder Lorbeerkirsche *(Prunus laurocerasus)*, um damit dem Mast zum Trotz eine lauschige Ecke zu schaffen.

Mit immergrünen Sträuchern wie der Stechpalme kann man unschöne Ecken wunderbar kaschieren.

Ein Ausgleich ließe sich auch mit dem Element Wasser erreichen. (Sie erinnern sich: Wasser hemmt Feuer!) Wenn man im Lichtkegel der Straßenlampe einen kleinen Gartenteich anlegt, spiegelt sich das Licht auf der Wasserfläche und zaubert wunderschöne Effekte. Als Alternative könnte man ebensogut daran denken, eine gerechte Kiesfläche als eine Art symbolischer Wasserfläche (siehe Seite 92) anzulegen. Das Spiel von Licht und Schatten macht die Kiesstrukturen vor allem nachts zum Blickfang.

Mit welchem Element ist Ihr Garten verbunden?

„Ein und dasselbe offenbart sich in den Dingen als Lebendes und Totes, Waches und Schlafendes, Junges und Altes. Denn dieses ist nach seiner Umwandlung jenes, und jenes, wieder verwandelt, dieses."
Heraklit

Stellen Sie sich mit dem Rücken zum Haus und schauen Sie geradeaus in den Garten. Die Himmelsrichtung, in die Sie nun blicken, legt nach Feng Shui die Zuordnung des Gartens zu einem bestimmten Element fest. Sollte sich Ihr Garten auf mehreren Seiten des Hauses erstrecken, ist derjenige Teil ausschlaggebend, der am stärksten genutzt wird. Das muß keineswegs immer der größte Teil sein. Entscheidend ist, in welchem Gartenbereich Sie und Ihre Familie oder Gäste sich am häufigsten und längsten aufhalten.

Orientierung des Gartens	Zugeordnetes Element
nach Osten oder Südosten	Holz
nach Süden	Feuer
nach Südwesten	Erde
nach Westen oder Nordwesten	Metall
nach Norden oder Nordosten	Wasser

Demnach wird z. B. ein nach Süden weisender Garten, der womöglich von einer großen Sonnenterrasse dominiert wird, im Feng Shui dem Element Feuer zugeordnet – was von europäisch denkenden Menschen ohne weiteres nachzuvollziehen ist. Um die Übermacht dieses Elements zu mindern und einen gewissen Ausgleich zu schaffen, bietet es sich an, in einem solchen Garten das Element Wasser ins Spiel zu bringen: Wasser dämpft Feuer (siehe Seite 12/13).

Das Bagua im Garten anwenden

Wenn man das achteckige Bagua über eine Grundrißzeichnung des Gartens legt, läßt sich erkennen, welcher Teil des Gartens welchen Aspekt des eigenen Lebens beeinflußt. Mit diesem Wissen sollte es dann nicht schwerfallen, ganz gezielt bestimmte, möglicherweise bisher vernachlässigte Bereiche zu fördern, unbefriedigenden Lebenssituationen eine positive Wendung zu geben oder persönliche Defizite auszugleichen.

Die korrekte Zuordnung der verschiedenen Bagua-Zonen zu bestimmten Gartenteilen setzt voraus, daß Sie das Bagua in der richtigen Weise auf den Gartengrundriß legen. Zeichnen Sie das Bagua-Schema am besten auf Transparentpapier oder eine durchsichtige Folie. Es muß nicht achteckig sein, sondern kann, der Grundform des Gartens angepaßt, ebensogut quadratisch oder rechteckig sein (siehe Seite 31 f.). Legen Sie Ihr Bagua nun über eine gleich große Skizze Ihres Gartens. Drehen Sie es dabei so, daß der Bereich „Karriere" auf der Seite des Hauptzugangs zum Garten zu liegen kommt. Mit der richtigen Gestaltung und mit den passenden Gartenelementen kann man die einzelnen Bagua-Zonen des Gartens stärken.

Zone Karriere: Fließendes Wasser, sei es ein kleiner Bachlauf, ein Sprudelstein im Teich oder ein schmückender Brunnen, macht sich hier besonders gut, symbolisiert diese Zone doch den Lauf des Lebens.

Die Zone Karriere symbolisiert den Lauf des Lebens, Wasser unterstützt dies in wunderbarer Weise.

Zone Hilfreiche Personen: Ein Sitzplatz, an dem die Freundesrunde zusammenkommt, ist hier angebracht. Vermeiden Sie in diesem Bereich hohe Mauern oder Hecken, damit einem nachbarlichen Plausch über den Gartenzaun nichts im Wege steht. Weil die Zone zudem in enger Verbindung steht mit allem, was mit Reisen zu tun hat, ist sie die ideale Stelle für Erinnerungsstücke, die Sie von Reisen mitgebracht haben, oder für eine fremdländisch gestaltete Gartenecke, etwa eine fernöstliche Nische oder einen mediterranen Winkel.

Zone Kinder: Wo könnten ein Sandkasten, eine Schaukel oder ein Baumhaus besser plaziert sein als hier? Weil aber die Zone der Kinder gleichfalls Bezug hat zu allem anderen, um das man sich intensiv kümmern muß, ist sie durchaus auch die richtige Stelle für ein Gemüsebeet, für Beerensträucher oder für eine Pflanzfläche mit pflegeintensiven Schmuckstauden. Überdies wird sie betont durch Flächen, die nicht dauerhaft gestaltet sind, sondern in ihrem Aussehen immer wieder verändert werden können, z. B. mit einem Skulpturen- oder Topfpflanzenarrangement.

Zone Partnerschaft: Ist in dieser Ecke des Gartens ein intimer Winkel, der einen kleinen Sitzplatz für zwei beherbergt, angelegt oder steht dort eine romantisch gestaltete Laube, so läßt sich damit nicht nur die Gartenzone, sondern auch die Beziehung zum Lebenspartner stärken. Ebenso sollten persönlich wichtige Dinge hier ihren Platz finden. Für einen Sammler von Alpenpflanzen wird dies z. B.

Ein Sitzplatz für zwei in einer romantischen Laube in der Zone Partnerschaft stärkt die innige Beziehung.

ein Steingarten sein, für einen Hobbyimker das Bienenhaus, für andere ein Gewächshaus, ein Gemüsegarten oder eine abgeschiedene Ecke zum Meditieren.

Zone Ruhm: Hier sollte sich Ihre Persönlichkeit so widerspiegeln, wie Sie von Ihren Mitmenschen wahrgenommen werden wollen. Plastiken oder andere dominierende Accessoires, die Ihrem persönlichen Geschmack entsprechen oder die Sie womöglich selbst hergestellt haben, kommen hier besonders gut zur Wirkung. Jemand, der als überzeugter Ökologe ortsbekannt ist, kann hier, gleichsam als sein Markenzeichen, sogar den Kompostplatz anlegen.

Zone Reichtum: Im Feng Shui wird Wasser oft mit Wohlstand in Verbindung gebracht. Klares, bewegtes Wasser in diesem Gartenteil kann sich daher auf Ihren materiellen, aber auch geistigen Reichtum vorteilhaft auswirken. Ein Ruheplatz zum Lesen oder Meditieren fördert gezielt die geistige Weiterentwicklung. Auch was man selbst als Reichtum empfindet, paßt gut hierher. Das kann für einen Rosenliebhaber ein üppig blühendes Rosenbeet sein, für einen passionierten Weltreisenden eine Sammlung von Souvenirs aus aller Herren Länder.

„Die größte Offenbarung ist die Stille."
Laotse

Zone Familie, Gesundheit: Dies ist die rechte Stelle für einen Gartensitzplatz, an dem der Austausch mit der ganzen Familie einschließlich Verwandtschaft stattfindet. Das stärkt die Zugehörigkeit zu einer Gemeinschaft ebenso wie z. B. eine Rasenfläche, auf der gemeinsame Spiele stattfinden können. Zur Förderung der Gesundheit läßt sich an die Anlage eines Kräuterbeets denken. Dem gleichen Zweck könnte ein Schwimmbecken oder eine Fläche zum Entspannen dienen.

Zone Wissen: Ein Plätzchen, an dem Sie allein sein und in Ruhe studieren können, wäre passend für diese Ecke. Daneben läßt sich alles, was der Weiterentwicklung des Wissens und der eigenen Fähigkeiten dient, hier ansiedeln, sei es ein Teich, Steingarten oder etwas anderes, mit dem man sich als Hobby ernsthaft beschäftigt. Auch ein Schuppen für Gartengeräte kann hier stehen, sofern man aus der Kultivierung von Pflanzen und der richtigen Pflege des Gartens eine Wissenschaft macht, die dem Ziel dient, die Zusammenhänge und Kreisläufe der Natur immer besser zu verstehen.

Tai Ch'i: Der von den Chinesen Energiezentrum genannte Bereich steht für das wichtigste in Ihrem Leben, die Lebenskraft schlechthin. Physische und psychische Gesundheit werden gestärkt, je mehr positives Ch'i sich hier ansammeln kann. Die Gartenmitte sollte daher von einer weitgehend offenen Fläche bestimmt sein, damit sich Ch'i dort sammeln kann. Eine Rasenfläche eignet sich hierfür gut. Vor allem in einem kleinen Garten kann auch eine zentrale Kiesfläche Stille und zugleich Offenheit ausstrahlen, zu Konzentration führen

Solch ein anmutiges Plätzchen unter einem Rosenbogen lädt in der Zone Wissen zu Konzentration und meditativer Stille ein.

und damit Energie vermitteln. Sollte Ihnen eine völlig freie Fläche im Garten jedoch zu „leer" erscheinen, bestücken Sie sie mit einem extra Anziehungspunkt für das Ch'i, etwa einer besonders schönen Figur, einem Springbrunnen oder einer runden, attraktiv bepflanzten Rabatte.

Beobachten Sie sich selbst, wie Sie auf einzelne Veränderungen im Garten reagieren. Fühlen Sie sich wohl bei dem Gedanken an Veränderung oder nicht? Nur so werden Sie erkennen, ob Sie auf dem richtigen Weg sind.

Die Gestaltung der Bagua-Zonen muß keineswegs strikt nach einem festen Schema erfolgen. Wenn z. B. in Ihrem Garten der Kinderspielplatz nicht in der Bagua-Zone der Kinder liegt, Sie aber mit Ihren Kindern keinerlei Schwierigkeiten oder Sorgen haben, gibt es keinen Grund, den Spielplatz zu versetzen. Sinngemäß gilt dies ebenso für alle anderen Bereiche des Baguas bzw. Ihres Lebens. Und sollte in Ihrem Garten ausgerechnet hinter der Zone „Wissen" eine verkehrsreiche Straße vorbeiführen, vergessen Sie besser die oben genannte Empfehlung und legen den Sitzplatz zum Lesen oder Meditieren an einer anderen Stelle an.

Nicht Paragraphen und Regelwerk, sondern die tatsächlichen Gegebenheiten im jeweiligen Garten sowie die Lebensumstände der darin lebenden Menschen bestimmen, was gutes Feng Shui ist. Lassen Sie daher bei der Gestaltung Ihres Gartens vor allem Ihre eigene Intuition walten. Wichtig ist, daß Sie sich wohl fühlen. Einen Feng-Shui-Garten, der diesen Namen wirklich verdient, gestaltet man nicht über Nacht und auch nicht auf Biegen und Brechen, sondern mit Gefühl, Intuition und zarter Hand.

Die Rabatte betont eine schön gestaltete Gartenmitte, die aus verschiedenen Steinen angelegt wurde.

Mit dem aufstrebenden Fingerhut und dem dazu farblich abgestimmten Rhododendron wächst der neu angelegte Weg langsam ein.

Neuanlage eines Feng-Shui-Gartens

Es gibt verschiedene Möglichkeiten, zu einem Feng-Shui-Garten zu kommen. Eine davon ist zweifellos, den Garten von Grund auf neu anzulegen und dabei alle wichtigen Feng-Shui-Kriterien konsequent zu berücksichtigen. Eine komplette Neuanlage des Gartens wird man in der Regel aber nur durchführen, wenn man sein Haus gerade neu gebaut oder einen Neubau mit noch nicht angelegtem Garten erworben hat. Weil jedoch auch die Umgebung des Gartens eine wichtige Rolle spielt, beginnt der Weg zum guten Feng Shui sogar noch einen Schritt weiter vorne, nämlich bereits bei der Auswahl eines geeigneten Grundstücks.

Im Feng Shui gilt keineswegs das Alles-oder-nichts-Gesetz. Schon partielle Umgestaltungen des Gartens, selbst kleinste Veränderungen in die „richtige" Richtung haben ihre positiven Auswirkungen auf Lebensqualität und Wohlbefinden. Wer also bereits einen Garten sein eigen nennt und diesen nur entsprechend der Feng-Shui-Erkenntnisse verbessern will, möge gleich auf Seite 38 weiterlesen. Durch gezielte Veränderungen einzelner Gartenelemente oder gestalterischer Details läßt sich das Ch'i in jedem Garten vermehren und so selbst bei einer zunächst eher ungünstigen Ausgangssituation ein gutes Feng Shui erreichen.

Die Lage des Grundstücks

„Versuche bei der Planung eines Gartens, von Pavillons, Wegen oder kleinen Steinbergen und bei der Pflanzung von Blumen das Gefühl zu vermitteln, daß im Kleinen das Große und im Großen das Kleine, daß im Realen die Illusion und in der Illusion das Reale liegt."
Shen Fu

Wer vorhat, eine Immobilie zu erwerben, sollte Bauobjekte bzw. Baugrundstücke von vornherein mit Feng-Shui-Augen betrachten und sich folgende Fragen beantworten:
• Befinden sich in nächster Nähe Gewerbebetriebe, Masten einer Hochspannungsleitung, eine Kläranlage oder andere Objekte, die entweder optisch störend wirken oder eine Geruchs- oder Lärmbelästigung mit sich bringen?
• Ist das Grundstück durch große Gebäude, Mauern oder ähnliches eingeengt?
• Liegt das Grundstück an einer Hauptverkehrsstraße oder am Ende einer Sackgasse?
• Führt eine Straße in gerader Linie auf das Grundstück zu?
• Liegt das Grundstück ungeschützt auf einer windigen Kuppe?
• Vermissen Sie in der Nähe einen See, Teich, Fluß oder Bachlauf?
Je öfter Sie mit Ja geantwortet haben, desto eher sollten Sie die Finger von der angebotenen Immobilie lassen.

Wohnen in Geborgenheit

Suchen Sie sich für den Bau Ihres Eigenheims ein Fleckchen Erde, das dem „Lehnstuhlprinzip" entspricht. Wenn Sie in einem bequemen Lehnstuhl sitzen, geben Ihnen dessen Rücken- und Armlehnen von hinten und den Seiten Schutz, so daß Sie sich geborgen fühlen können. Der Blick nach vorne ist dagegen offen und frei. Nicht anders sollte es Ihnen in Ihrem Zuhause ergehen. Ideal ist ein Gebäude bzw. Grundstück, das auf seiner Rückseite und an den Flanken abgeschirmt und geschützt ist, etwa durch einen Berg, einen Hügel oder auch nur eine Baumgruppe. Nach vorne ist dagegen eine schöne, weite Aussicht wünschenswert, am besten auf einen See oder über ein liebliches Tal.

Welche Seite bei einem Grundstück übrigens vorne und welche hinten ist, wird gewöhnlich, aber nicht notwendigerweise durch den Zugang zum Grundstück bzw. die Haustür festgelegt. Es kann allerdings genausogut die Gartenseite sein, die mit einer großen Fensterfront samt Terrassentür und einer attraktiven Terrassenfläche die „Schokoladenseite" und damit die Vorderseite eines Anwesens abgibt.

Was die optimale Ausrichtung des Grundstücks nach der Himmelsrichtung anbelangt, treten die Himmlischen Tiere (siehe Seite 16 f.) auf den Plan. Schutz sollte vorhanden sein in Richtung der „schwarzen Schildkröte" (Norden), des „weißen Tigers" (Westen) und des „grünen Drachen" (Osten). Der freie Blick nach vorne zielt folglich nach Süden, zum „roten Phönix" hin. Auch in unserer Kultur sind die Häuser vorzugsweise nach Süden, zur Sonne hin ausgerichtet, was sich durch unser Bedürfnis nach Licht und Wärme erklärt.

Als ausgesprochen ungünstig erweist sich im Rahmen des „Lehnstuhlprinzips" ein Grundstück, das ungeschützt ganz oben auf einer Kuppe liegt. Ungebremste Winde setzen es einem ständigen, überstarken Energiestrom aus, der alles Ch'i mit sich fortreißt, anstatt es verweilen zu lassen.

Straßen, Kanäle für den Energiefluß

Die meisten Häuser bzw. Baugrundstücke liegen an einer Straße – das ist ja schließlich nur sinnvoll. Bei breiten Durchgangsstraßen aber ist Zurückhaltung geboten, wenn es um die Auswahl einer Wohnimmobilie geht, und dies nicht nur wegen der verkehrsbedingten Lärmbelästigung. Nach der Auffassung von Feng-Shui-Experten fungieren solche Straßen als Hauptleiter von Energie und wirken sich daher auf ihr Umfeld eher ungünstig aus. An einem Grundstück neben einer stark befahrenen Straße strömt die Energie wie ein Fluß vorbei und zieht dabei sogar noch weiteres Ch'i aus den angrenzenden Bereichen mit sich.

Bei der Planung neuer Wohngebiete wird heute vielfach darauf geachtet, Durchgangsstraßen zu vermeiden und statt dessen verkehrsberuhigte Wohnstraßen, teilweise sogar Spielstraßen zu schaffen. Das ist ganz im Sinne von Feng Shui.

Jedes Gewässer, ob natürlich oder künstlich angelegt, steigert das Ch'i im Garten.

Wasser im Umfeld des Hauses

Das Element Wasser gibt sich in seinem Charakter ausgesprochen vielseitig und kann sowohl eine positive wie eine negative Wirkung auf uns ausüben. Einerseits spendet Wasser Leben, andererseits verfügt es über ungeheure zerstörerische Kräfte. Tiefes Wasser erscheint dunkel und vermittelt uns das unbehagliche Gefühl, vor einem Abgrund zu stehen. Klares, sprudelndes oder dahinplätscherndes Wasser wirkt lebendig und mit seiner gesammelten Energie sehr anregend.

Generell sollte man vermeiden, in einem Haus zu wohnen, hinter dem ein See oder Teich liegt oder, schlimmer noch, Wasser vor-beifließt. Bei solcher Wohnlage kann ein von oben, d. h. von hinten kommender Bergbach, der nach einem Unwetter oder zur Zeit der Schneeschmelze drastisch anschwillt, zweifellos äußerst unangenehm werden. Das macht die Feng-Shui-Regel verständlich, daß auf der Rückseite eines Hauses maximale Stabilität herrschen sollte.

Der einzig empfehlenswerte Ort für Wasser befindet sich nach Meinung von Feng-Shui-Beratern vor dem Haus. Besonders gutes

Feng Shui entsteht, wenn sich an der Vorderseite eines etwas erhöht liegenden Hauses ein Bach oder kleiner Fluß vorbeischlängelt, der dem Anwesen und seinen Bewohnern reichlich Ch'i zuführt. Fehlt ein natürliches Gewässer in der Nähe des Hauses, läßt sich das Ch'i im Garten ebenso durch ein künstlich angelegtes Gewässer steigern. Dies mag ein kleiner Teich sein, ein munterer Bachlauf oder ein plätschernder Brunnen (siehe Seite 96 ff.).

„Beim Arrangieren eines rechten Gartens reicht es nicht, geschwungene Wege in eine große Fläche mit vielen Felsen zu legen. Wer glaubt, damit sei es getan, verschwendet nur seine Zeit und Energie."

Verschiedene Grundstücksformen und ihre Feng-Shui-Bedeutung

- Nach Feng-Shui-Kriterien eignen sich rechteckige oder quadratische Grundstücke, die den Elementen Holz bzw. Erde zugeordnet sind (siehe Tabelle Seite 12/13), bestens für Eigenheim und Garten. Holz (der rechteckigen Form entsprechend) drückt Wachstum und Kraft aus, Erde (der quadratischen Form entsprechend) wirkt unterstützend, sicher und stabil. Bei einem quadratischen Grundstück sollte das Haus idealerweise in der Mitte der Fläche errichtet werden, um ein ausgewogenes Leben, eine erfolgreiche Karriere und materiellen Wohlstand zu erreichen.
- Ein trapezförmiges Grundstück ist im Idealfall mit seiner breiteren Seite nach vorne gewandt. Auf diese Weise hat es eine „Kehrschaufelform", in die nach chinesischer Auffassung das Ch'i geradezu hineingefegt wird. Bildet dagegen die schmalere Seite die Vorderfront des Grundstücks, steht nach Ansicht von Feng-Shui-Experten zu befürchten, daß Glück und Wohlstand der Bewohner künftig zunehmend geschmälert werden. Um dem entgegenzuwirken, sollte an der schmaleren Frontseite ein erkennbarer Bogen zur Grundstücksgrenze hin verlaufen. Das kann z. B. durch einen entsprechend gestalteten Vorplatz, durch bogenförmige Verlegung von Pflastersteinen oder durch eine halbkreisförmige Rabatte erreicht werden. Im Grundriß erinnert eine solche Anordnung an den Bügel einer Geldbörse, die Ch'i sammelt und Wohlstand mehrt.
- Dreieckige Formen aller Art entsprechen dem Element Feuer. „Feuergrundstücke" eignen sich aus chinesischer Sicht nur bedingt für eine Wohnbebauung, denn in den spitzwinkeligen Ecken kann sich das Ch'i stauen und damit der harmonische Energiefluß blockiert sein. Da man bei der Gartengestaltung aber die kritischen Winkel ohne weiteres mit Bäumen oder Sträuchern bepflanzen

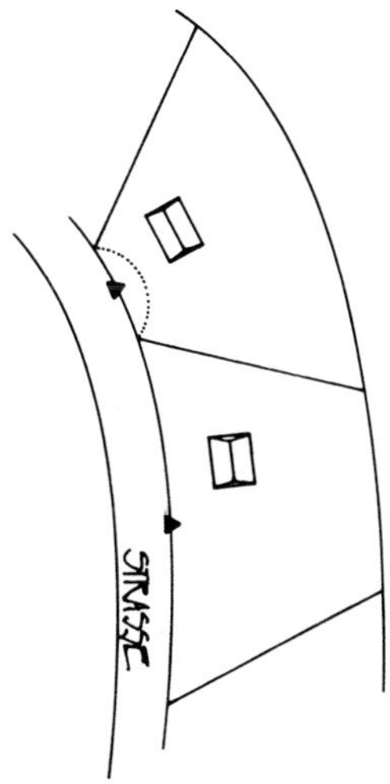

Trapezförmige Grundstücke mit einer breiteren und einer schmaleren Seite zur Straße hin

In vielen alten europäischen Städten wurden die Fassaden der Stadthäuser seit Jahrhunderten in ganz verschiedenen Farben gestrichen. So hat man die Einzigartigkeit jedes Gebäudes betont und zugleich ein harmonisches Ensemble geschaffen.

kann, läßt sich durchaus auch auf einem dreieckigen Grundstück ein harmonisches Leben führen.

- Gerundete Formen stehen bei Feng-Shui-Bewanderten besonders hoch im Kurs, so auch gerundete Grundrißlinien des Gartens. Privater und beruflicher Erfolg werden davon geradezu angezogen, Geld wird nicht ausbleiben – so die Meinung der Chinesen. Ist die hintere Grundstücksgrenze abgerundet und steht das Haus in der Mitte oder im hinteren Drittel, werden die Bewohner ein wunderbar ausgewogenes Leben führen.

In Harmonie mit der Umgebung

Leben im Einklang mit der Natur, das ist die grundsätzliche Lehre des Feng Shui. In einer Zeit weitreichender ökologischer Zerstörungen gewinnt dieses Bestreben auch bei uns immer mehr an Bedeutung. Die Anlage einer Siedlung zeigt besonders deutlich, wie ernst es den dort wohnenden Menschen damit ist, mit der und nicht gegen die Natur zu leben. Die Kunst liegt nicht darin, sein Wohneigentum selbstbewußt aus der Umgebung herausstechen zu lassen, sondern im Gegenteil darin, Haus und Garten harmonisch in die umliegende Landschaft einzufügen. Andernfalls wird die Architektur zum Fremdkörper, das eigene Domizil zum Störfaktor.

Man kann es nicht oft genug betonen: Der eigene Garten, und sei er noch so perfekt nach Feng-Shui-Richtlinien gestaltet, ist keine isolierte Angelegenheit. Die Umgebung nimmt mit ihren Energieströmen großen Einfluß auf ihn und damit zugleich auf seine Bewohner. Als gemeinsames Ganzes beeinflussen Haus, Garten und Umgebung das Leben der darin wohnenden Menschen. Daher sollten Sie niemals eines ohne das andere betrachten.

Heimische Stauden wie die Königskerze und Spalierpflanzen ergänzen die Leichtigkeit dieses Holzhauses.

Ein harmonisches Bild des Eigenheims in seiner Umgebung läßt sich am besten verwirklichen, indem man beim Bau auf ortsübliche Materialien zurückgreift. Das bedeutet keineswegs, daß nur ein traditioneller oder gar altmodischer Baustil gutzuheißen sei. Auch moderne architektonische Lösungen können althergebrachte Baumaterialien gut zur Geltung bringen. Mancherorts ist es üblich, für Hausfassaden Klinker oder Backsteine zu verwenden. Andere Regionen bestechen durch ihre Holzhäuser oder Fachwerkbauten. Ebenso können bestimmte Dachformen oder das für die Ein-

Alte Holzhäuser bieten durch die Schwere des Materials Sicherheit und Geborgenheit.

deckung verwendete Material gebietstypisch sein. All dies trägt in hohem Maß zur Schönheit und Eigenheit eines Landstrichs bei, und die gilt es unbedingt zu erhalten.

Ebenso beeinflußt die Farbgebung eines Gebäudes den optischen Eindruck sehr stark. Regionaltypische Anstrichfarben prägen ganze Landstriche, etwa Dunkelrot oder Himmelblau in skandinavischen Ländern oder Ockertöne in Südfrankreich. Es gibt aber auch traditionelle bunte Siedlungsformen.

Haus und Garten im Einklang

Ebenso wie ein Grundstück Teil seiner Umgebung ist, stellt das Haus einen Teil des Gartens dar. Schon allein aufgrund seiner dominanten Größe beeinflußt es die optische Wirkung des Gartens oder zumindest der hausnahen Gartenbereiche ganz entscheidend. Nicht zuletzt deshalb ist es wichtig, sich Gedanken über Material und Farbe der Hausfassade zu machen, wenn man sein künftiges Domizil plant. In unserer Zeit überwiegen vielerorts weiße Normhäuser, und die Gärten, in denen sie stehen, sind gleich reihenweise uni-

Haben Sie ruhig Mut zur Individualität. Wichtig ist nicht, was dem Nachbarn oder dem Architekten gefällt, sondern einzig, was Ihrem Empfinden und Ihren Bedürfnissen entspricht.

form gestaltet. In solchen Siedlungen ist die „Anpassung an die Umgebung" gründlich falsch verstanden.

Versuchen Sie, Ihr Haus und Ihren Garten mit dem Geist zu füllen, der Ihre Persönlichkeit und Ihren Stil verkörpert. Der eine fühlt sich in einem romantischen Garten mit Lauben und Rosenbögen wohl, der zweite bevorzugt Gartenzwerge und schnurgerade Rasenkanten, der dritte erfreut sich an unerwartet aufkeimenden Wildkräutern und legt Wert auf geeignete Bäume, zwischen die er seine Hängematte spannen kann. Die Lehre des Feng Shui wäre völlig mißverstanden, würde man annehmen, ein Feng-Shui-Garten müsse ein ganz bestimmtes Aussehen haben und ganz bestimmte, vorgegebene Elemente enthalten.

Ein Sitzplatz läßt sich im Innenhof viel besser nutzen als im freien Gartenraum. Besonders in den Wintermonaten kann man hier unter freiem Himmel oft die Sonne genießen.

Das Atrium, der Garten im Haus

Ob ein Garten als Pufferzone zwischen Haus und Straße oder zwei Häusern fungiert oder ob er als Innenhof ein Teil des Wohngebäudes selbst ist, hat nicht nur praktische Auswirkungen, sondern auch eine zutiefst symbolische Bedeutung: Im einen Fall liegt der Garten und damit die Natur außerhalb des ureigenen Wohn- und Lebensbereichs, im anderen Fall werden die Natur und der Raum unter freiem Himmel buchstäblich zum Mittelpunkt des eigenen Lebens.

Anders als in Europa sind in China Innenhöfe von mehreren Einzelhäusern umstanden, die durch Mauern und Wände zu einem Ganzen zusammengefaßt werden. Diese Bauweise entspricht der chinesischen Vorliebe, im Zentrum einen Ort zu schaffen, der Leere, Ruhe und Ausgeglichenheit vermittelt. Feng Shui lehrt, daß jeder Raum eine freie Mitte haben sollte.

Insbesondere in der Stadt, wo Freiflächen eher selten und meist sehr klein sind, kann man mit einem Innenhof oder Atrium eine wahre Oase der Ruhe und Erholung schaffen. Wenn Sie als Bauherr gerade Ihr künftiges Heim planen, sollten Sie diese Chance nützen.

Während man in südlichen Ländern von jeher vor allem den Schatten suchte, den ein Innenhof gewährt, bietet ein Atriumgarten in unseren Breiten andere Vorteile. Der Hof ist windgeschützt, und die Wärmespeicherkapazität der Hauswände läßt das ohnehin milde Kleinklima im Hofraum noch milder werden. Davon profitieren dann nicht nur die Pflanzen, sondern ebenso die Menschen.

Bild linke Seite: Solche prächtigen Gärten mit Rosenbögen lassen den Geist ihrer Besitzer spüren.

Taktisches Vorgehen bei der Neuanlage eines Gartens

Jeder, der seinen Garten ganz neu anlegt, sollte unbedingt zuerst ein umfassendes Konzept erstellen. Legen Sie anhand einer Liste fest, was Sie im Garten brauchen oder gerne hätten. Ordnen Sie dann die verschiedenen Funktionsbereiche (Sandkasten, Terrasse, Gemüsebeet usw.) grob auf dem Grundstücksplan an. Anhand dieser Vorgabe zeichnen Sie einen detaillierten Plan, bevor Sie schließlich mit Hacke und Spaten zur Tat schreiten.

Machen Sie sich nun Schritt für Schritt an die Verwirklichung der Pläne. In einer ersten Arbeitsphase sollten Sie dem Garten bereits seine grundlegende Struktur (Wege, Hügel, Grünflächen etc.) geben. Ergänzende und schmückende Elemente können dann nach und nach in die Grundstruktur eingegliedert werden. Diese Vorgehensweise hat den Vorteil, daß der Garten von Anfang an nutzbar ist und auch während der Jahre seines Entstehens bereits eine Harmonie ausstrahlt, die den Bewohnern Kraft und Ruhe gibt.

Hilfe vom Fachmann

Ein Garten, der „nur" schön ist, aber nicht der Lebensart seiner Benutzer entspricht, hat für Feng Shui wenig Wert. Er wird Ihr Leben kaum in positivem Sinn beeinflussen.

Die richtige Planung eines Gartens ist eine Wissenschaft für sich. Bei der Gestaltung gilt es nicht nur die Feng-Shui-Regeln zu beachten, sondern auch die Ansprüche der verschiedenen Pflanzenarten an Licht und Boden, die Wuchshöhen der Gehölze, die Eigenarten der verwendeten Bauelemente und -materialien, die ausreichende Anlage von Drainagen und vieles mehr zu berücksichtigen.

Wenn Sie nicht selbst ein Hobbygärtner mit langjähriger Erfahrung und grundlegendem Gartenwissen sind, sollten Sie zur Planung Ihres Gartens den Rat eines Gartenarchitekten einholen. Heute gibt es in den deutschsprachigen Ländern bereits eine ganze Reihe von Gartenarchitekten, die sich intensiv mit Feng Shui beschäftigen (Kontaktadressen siehe Seite 126).

Ein Feng-Shui-Gartenarchitekt wird bei der Planung nicht allein nach gärtnerischen Gesichtspunkten vorgehen, ebensowenig nur seine eigenen gestalterischen Ideen verwirklichen. Er wird vor allem auf die Bedürfnisse derjenigen Menschen eingehen, die später in und mit dem Garten leben wollen. Überlegen Sie sich daher schon vor dem Gespräch mit dem Architekten, wofür Sie Ihren Garten nutzen

Dieser wunderschöne Sitzplatz befriedigt alle Bedürfnisse.

möchten und welche Details Ihnen persönlich wichtig sind. Berufen Sie am besten eine Familienkonferenz ein, bei der alle Mitglieder ihre Wünsche und Vorstellungen zur Sprache bringen können.

Natürlich können Sie darüber hinaus auch die praktische Umsetzung der Gartenpläne in professionelle Hände legen. Für so manche schwere Arbeiten wie z. B. die Anlage eines Teichs oder die Befestigung eines Hangs, die zudem oft spezielles Arbeitsgerät erfordern, wird es womöglich sogar unumgänglich sein, eine Gartenbaufirma zu beauftragen. Doch was Sie selbst machen können, sollten Sie auch selbst tun. Insbesondere die Beschäftigung mit den Gewächsen des Gartens, das Säen und Pflanzen, Schneiden und Pflegen, fördert die persönliche Beziehung zur Natur ungemein. Und je besser Sie Ihren Garten, jeden Winkel darin und jedes Pflänzchen kennenlernen, desto enger wird die Beziehung zwischen Ihnen und Ihrem grünen Umfeld werden. Eine wichtige Voraussetzung für gutes Feng Shui!

Mit solchen farblich harmonisch abgestimmten Pflanzen vor dem Fenster ist schon ein wichtiger Schritt in Richtung einer Feng-Shui-Gestaltung getan.

„Ein Garten muß realistisch und romantisch zugleich sein."
Li Jiale

Den Garten nach Feng Shui umgestalten

Nicht jeder kann oder will gleich alles Bestehende verwerfen und einen von Grund auf neuen Garten anlegen. Doch läßt sich durch den wohlüberlegten Einsatz von Feng-Shui-Hilfsmitteln das Ch'i in jedem Garten vermehren. Wohlüberlegt, das bedeutet, sich zunächst über die Eigenarten, die Stärken und Schwächen des bestehenden Gartens klarzuwerden. Betrachten Sie Ihren Garten daher einmal gründlich und kritisch mit „Feng-Shui-Augen". Die Beantwortung der folgenden Fragen mag Ihnen helfen, diejenigen Punkte zu erkennen, an denen Handlungsbedarf besteht.

- Ist das Grundstück von seiner Umgebung durch hohe Mauern, Hecken oder Zäune geradezu abgeschnitten?
- Verwehrt ein überdimensioniertes, eher abweisend wirkendes Tor den Zugang zum Grundstück? Verhindert es womöglich sogar die Sicht in den Garten?
- Fällt der Blick beim Betreten des Grundstücks zuerst auf die Mülltonnen oder auf andere wenig einladende Gegenstände?

- Ist der Zugangsweg zur Haustür schwer zu finden, beengt oder finster? Kann der Haupteingang des Hauses mit anderen Türen verwechselt werden?
- Zeigen Kanten von Gebäuden der Nachbarschaft direkt auf die Eingangstür oder auf Sitzplätze im Garten oder auf der Terrasse?
- Behindern bauliche Elemente oder große Pflanzen den Blick vom Haus in den Garten?
- Fehlt eine Blickverbindung vom Haus zum Spielbereich kleiner Kinder (Sandkiste, Schaukel etc.)?
- Müssen Sie den ganzen Garten durchqueren, wenn Sie nur rasch einige Küchenkräuter brauchen?
- Fühlen Sie sich auf der Terrasse von Nachbarn beobachtet?
- Bietet der Garten sowohl sonnige wie auch schattige Plätze zum Verweilen?
- Empfinden Sie Ihren Garten als Ort der Erholung, in dem Sie Kraft tanken und Entspannung finden können?
- Können Sie im Garten Ihren persönlichen Interessen nachkommen, z.B. Gemüse anbauen, bestimmte Blumensorten ziehen oder einfach nur faulenzen? Kommen in dieser Hinsicht alle Hausbewohner auf ihre Kosten?
- Vermittelt Ihnen der Garten einen Bezug zur Natur oder wirkt er auf Sie eher wie ein künstliches, steriles Gebilde?
- Entspricht die Anlage des Gartens dem Pflegeaufwand, den Sie erbringen wollen oder können?

Stecken Sie Ihre Ziele nicht zu hoch, sondern überlegen Sie, welche Details Sie in Ihrem Garten verändern können, um ihn im Sinne von Feng Shui zu verbessern. Jeder einzelne Schritt in Richtung „Wohlfühlen im eigenen Garten" ist ein Fortschritt.

Große und kleine Veränderungen im Garten

Vermutlich werden Sie bei entsprechender Überprüfung rasch feststellen, daß Ihr Garten in so mancher Hinsicht nicht die Kriterien von Feng Shui erfüllt. Einen idealen Feng-Shui-Garten schaffen zu wollen ist jedoch illusorisch, insbesondere in unserem westlichen Kulturkreis. Versuchen Sie vielmehr, das grundlegende Gedankengut des Feng Shui bei der Gartengestaltung zu berücksichtigen: Durch eine harmonische Umgebung, die auf die persönlichen Bedürfnisse des einzelnen abgestimmt ist, soll Harmonie und Ausgeglichenheit im Fühlen und Denken erreicht werden.

Wie umfangreich die Veränderungen sind, die man in seinem Garten vornehmen möchte, bleibt jedem selbst überlassen. Nicht zuletzt ist es schließlich eine Frage von Zeit und Geld. Ob man die Umgestaltung ganzer Gartenbereiche in Angriff nimmt oder nur an passender Stelle einen zusätzlichen Strauch pflanzt, eine kleine Vogeltränke aufstellt oder einige Rosenkugeln ins Beet steckt – all das kann das Feng Shui des Gartens verbessern.

Schritt für Schritt zum Ziel

Nehmen Sie bei der Umgestaltung Ihres Gartens die geplanten Veränderungen in einem angemessenen Tempo vor. Ebensowenig erweist es sich als sinnvoll, an allen Ecken des Gartens gleichzeitig mit Baumaßnahmen zu beginnen. Feng Shui steht ja gerade dafür, eine

Umspielen blühende Kletterpflanzen eine Hausecke, läßt sich vermeiden, daß diese unheilvolles Sha aussendet.

Sensibilität für die Umgebung zu entwickeln, und das braucht Ruhe und Zeit.

Besser ist es, immer nur einzelne Dinge oder Bereiche im Garten zu verändern und dann erst einmal zu beobachten, was in der Folgezeit passiert. Wie entwickeln sich die Pflanzen? Wie reagieren Sie selbst und Ihre Familie auf die Neuerungen? Im Gegensatz zur Wohnung, in der Möbel relativ einfach um- und wieder zurückgestellt werden können, sind im Garten so manche Veränderungen nur mit hohem Aufwand oder gar nicht mehr rückgängig zu machen. Ein großer, alter Baum etwa, der gefällt wurde, ist unwiederbringlich verloren.

Natürlich können Sie kleinere Aktionen, z. B. das Aufstellen von Kübelpflanzen, Umstellen von Sitzmöbeln oder ähnliches, sofort in Angriff nehmen. Solche Dinge sind ja problemlos immer wieder von neuem zu verändern. Probieren Sie damit verschiedene Varianten aus, nicht nur aus Freude am kreativen Gestalten, sondern auch, um die jeweilige Wirkung auf den Garten und sich selbst zu testen.

Nehmen Sie sich Zeit, über Veränderungen im Garten nachzudenken. Schlafen Sie erst einmal einige Nächte über Ihre Umgestaltungspläne und horchen Sie wiederholt in sich hinein, ob Sie Ihre Ideen noch gut finden.

Der Garten im Wandel

Ein Garten, und sei er noch so sorgfältig geplant und angelegt, ist nichts Statisches. Als ein lebendiges Ganzes unterliegt er im Lauf der Jahre einem beständigen Wandel. Gepflanzte Jungbäume und -sträucher wachsen zu stattlichen Exemplaren heran, Stauden entwickeln und erneuern sich, Tiere kommen und gehen. Gerade in einem Feng-Shui-Garten mit seinem starken Bezug zur Natur spielen diese natürlichen Prozesse eine dominierende Rolle.

Neben der Eigendynamik, die jeder Garten entwickelt, wechseln aber auch die Bedürfnisse einer Familie. Für kleine Kinder wird man im Garten eine angemessene Spielfläche vorsehen. Kommt der Nachwuchs ins Teenageralter, machen Sandkasten und Schaukel vielleicht einem Teich oder Steingarten Platz, während an anderer Stelle des Grundstücks Stellflächen für Fahrräder oder gar Motorfahrzeuge benötigt werden. Sind die Kinder schließlich aus dem Haus, bleibt so manchem Elternpaar mehr Zeit für sich und seine Hobbys. Eine ruhige Sitzecke zum Plaudern oder Lesen mag dann zum Mittelpunkt des Gartens werden, und womöglich erblüht nun eine liebevoll gehegte Sammlung von Fuchsien, seltenen Rosensorten oder prächtigen Lilien.

Durch Umgruppieren und Umgestalten von Kübelpflanzen kann man seinem Garten immer wieder ein neues Feng-Shui-Flair geben.

Achten Sie darauf, daß Ihr Garten Ihrer jeweiligen familiären Situation angepaßt bleibt und nicht der Entwicklung „hinterherhinkt". Wer mit Feng Shui lebt, lebt nicht in der Vergangenheit, sondern im Jetzt.

Grüne Hecken und Bögen, umrahmt von Duftrosen, schaffen anmutige Übergänge zwischen verschiedenen Gartenräumen wie beispielsweise einem Kräutergarten und einer Rasenfläche.

Gartenräume schaffen

Mag das Geviert eines Gartens noch so klein sein, kann es in sich doch eine eigene kleine Welt bergen. In China ist es erklärtes Ziel der Gartengestaltung, die Landschaft im Miniaturformat nachzuempfinden, und sei es auch nur symbolhaft. Doch auch in unserer Kultur ist es möglich, eine vielfältige Gartenlandschaft mit westlichen Stilmitteln zu formieren. Dabei gilt es einige grundsätzliche Regeln der Gartenarchitektur zu beachten. Läßt man in seine Planungen dann noch Feng-Shui-Überlegungen einfließen, wird man durch einen hohen Erholungswert des Gartens und durch einen äußerst positiven Einfluß auf das ganze weitere Leben belohnt werden.

Üblicherweise gliedert sich ein Garten in drei funktionelle Bereiche:

- den sogenannten architektonischen Raum,
- den Nutzgarten
- sowie einen Schutz- und Randbereich.

Diese Einteilung läßt sich auf jeden Garten anwenden, sei es ein kleiner Reihenhausgarten oder ein weitläufiger Landhausgarten.

Der architektonische Raum des Gartens wird in Funktion und Aussehen stark vom Haus geprägt. Ein kleiner, schmückender Vorgarten gehört hier ebenso dazu wie der Zugangsweg zur Haustür oder die Terrasse samt daran angrenzender Zierbereiche. In gewisser Weise bilden diese Gartenbereiche mit dem Hausgrundriß ein Ganzes, sie sind vom Hausinneren nur durch eine gemauerte oder gläserne Barriere getrennt.

Die Verknüpfung von Haus und Garten, von drinnen und draußen läßt sich durch verschiedene Maßnahmen noch verstärken und harmonisieren. Große Fenster oder Glastüren, die Ausblick auf attraktive Bereiche des Gartens gewähren, lenken nicht nur die Blicke, sondern auch die Gedanken nach draußen und lassen sie frei werden. Sorgen Sie dafür, daß sich Ihnen beim Hinausschauen zu jeder Jahreszeit ein schönes Bild bietet. Ein abwechslungsreiches Staudenbeet im Blickfeld des Fensters, ein Gartenteich oder Vogelbad, weiter im Hintergrund eine hübsche Zierstrauchgruppe, im Winter ein Vogelfutterhäuschen – all dies stellt den Bezug zur Natur her und lädt ein, nach draußen zu gehen.

Bedingt durch das mildere Klima, hat in weiten Teilen Chinas die Verzahnung von Haus und Garten, von Innen und Außen, eine viel größere Bedeutung als bei uns, die wir den Garten oft nur in den Sommermonaten nutzen.

Zum architektonischen Gartenraum gehört im weiteren Sinne auch ein Rasen, der als Spiel- oder Begegnungsfläche dient. Häufig werden Bodenbeläge und Grünfläche noch durch ein drittes Element, nämlich eine Wasserfläche, ergänzt. Aus einem Feng-Shui-Garten zumindest ist das Element Wasser nicht wegzudenken, ob es nur als kleines Zierbecken eingesetzt wird oder als großflächiger Schwimmteich.

Ein besonderes Kennzeichen von klassischen Feng-Shui-Gärten ist, daß sie eine freie Mitte aufweisen. Meist befindet sich zentral eine Wasser-, Rasen- oder Wiesenfläche, die vom Haus aus einen freien Blick in die Weite ermöglicht, ganz im Sinne des roten Phönix (siehe Seite 16 f.).

Der Nutzgarten dient vornehmlich der Produktion von Nahrungsmitteln. Auch wenn heute immer weniger Gartenbesitzer ihr Obst und Gemüse ausschließlich selbst ziehen, so gehört das Anbauen und Ernten von Nahrungspflanzen doch wesentlich zum Garten dazu. Nach der Lehre des Feng Shui stellt die Nahrungsbeschaffung einen wichtiger Faktor des Gartens dar, ja sie ist geradezu eine Verpflichtung im Umgang mit dem Boden. Auch bei uns findet sich in vielen Gärten ein Nutzgartenbereich, und sei er noch so klein. Es braucht ja nicht gleich eine ausgedehnte Streuobstwiese oder ein

Beete mit Gewürz- und Heilkräutern sollten in keinem Feng-Shui-Garten fehlen.

großes Gemüsebeet sein, schon ein einzelner Beerenstrauch oder ein Beet für Gewürz- oder Heilkräuter kann als „Nutzgärtchen" fungieren. **Der Schutz- und Randbereich** grenzt den Garten nach außen hin ab. Je nachdem, ob ein kleiner Zaun, eine hohe Mauer oder eine üppig grüne Hecke das Grundstück umgürten, werden dabei ganz unterschiedliche Funktionen erfüllt. Diese reichen von einer eher symbolischen Markierung des Grenzverlaufs bis zur Zutrittsverwehrung für unbefugte Personen, vom Schutz vor neugierigen Blicken von Nachbarn oder Passanten bis zur schönen Kulisse für die Gartenlandschaft selbst.

Der Vorgarten

Die Chinesen betrachten die Eingangsseite eines Hauses als dessen Gesicht, die Tür als Mund. Entsprechend verwenden sie größte Sorgfalt darauf, daß diese Bereiche einen guten Eindruck machen. Ein lächelndes Gesicht wirkt einladender und sympathischer als ein verkniffenes oder gar ungepflegtes. Diese Sichtweise ist auch in unserer westlichen Welt unschwer nachzuvollziehen. Der Vorgarten oder Vorplatz eines Hauses dient gleichsam als Aushängeschild für das gesamte Anwesen. Ein Besucher erhält hier den ersten Eindruck

In einem harmonisch gestalteten Vorgarten sammelt sich das Ch'i und fließt von dort in das Haus und die übrigen Gartenteile.

von den Bewohnern des Hauses. Daher ist es nicht genug, wenn der Vorgarten nur schön gestaltet und ordentlich gepflegt ist. Er sollte vielmehr etwas ausdrücken vom Wesen seiner Besitzer und deren Charakter und Lebensstil widerspiegeln.

Der Vorgarten stellt aber nicht nur die Visitenkarte dar, sondern soll Sie selbst beim Heimkommen auf angenehme Weise empfangen. Dazu gehört beispielsweise, daß Ihnen auf dem Weg zur Haustür keine abgestellten Autos oder Fahrräder, Gartengeräte oder gar überquellende Mülltonnen die gute Laune verderben. Wie aber können Sie das „Tor" zum Haus optimal gestalten?

Nehmen Sie sich die Zeit, Ihre Eingangssituation gründlich zu überdenken. Packen Sie dann notwendige Veränderungen an, damit Sie in Zukunft Ihrem Zuhause mit einem Lächeln entgegengehen können.

- Achten Sie auf eine strikte Trennung von Gehwegen und Abstellflächen. Fahrräder sind zweifellos nützliche Fahrzeuge, aber durchaus keine schmückenden Gartenelemente. Auch die Stapel von Kaminholz, so erfreulich ihr Besitz grundsätzlich ist, verlieren ihren Reiz, wenn man sich an ihnen bei jedem Heimkommen die Kleidung schmutzig macht.
- Stellen Sie Müllbehälter so auf, daß beim Betreten des Grundstücks nicht gleich der erste Blick auf sie fällt. Findet sich kein anderer Standort für sie, kaschieren Sie die Tonnen wenigstens mit einem bunten Rankgerüst, an dem hübsche Kletterpflanzen emporranken, oder mit einem Strauch, den Sie vor den Stellplatz der Mülltonnen pflanzen.

• Sehr große Findlinge eignen sich nicht für den Vorgarten. Nach Feng-Shui-Meinung deutet ein „im Wege liegender Stein" nämlich auf Schwierigkeiten und Hindernisse hin, die auf dem Lebensweg auftreten können. Statt einen vorhandenen großen Stein aber mühsam wegzuschaffen, können Sie dessen negative Wirkung ausgleichen. Stellen Sie dem Stein, der dem Element Erde zugeordnet wird, das Element Holz zur Seite, z. B. in Form einer über den Stein kletternden Pflanze.

• Stellen Sie an der Hauswand neben der Haustür eine Bank auf, die als Rastplatz oder Abstellmöglichkeit dienen kann.

Nadelbäume, sei es einzeln oder in Gruppen, eignen sich nicht für den Vorgarten. Mit ihren dunklen Zweigen strahlen sie eine düstere Stimmung aus und wirken daher nur wenig einladend.

Ein gut gestalteter Vorgarten fungiert oft als ein regelrechter Sammelplatz für das Ch'i, das von hier aus in reichem Maß in das Haus und die übrigen Gartenteile weiterfließen kann. In einem zu kleinen Vorgarten kann der Energiefluß jedoch stagnieren. Versuchen Sie daher, einem kleinen Vorgarten mit gestalterischen Mitteln zumindest optische Weite zu geben. Das gelingt am besten, indem Sie ihn nicht überfrachten, sondern möglichst freie Flächen schaffen.

Der Hauseingang

Der Eingangsbereich des Hauses ist ein architektonisches Element, das sowohl die Fassade des Hauses dominiert als auch den Vorgarten prägt. Weil der Hauseingang insbesondere von den Bewohnern des Hauses tagtäglich benützt wird, hat er auch auf deren Leben und Wohlbefinden einen erheblichen Einfluß. Im Feng Shui ähneln Gebäude mit zwei Eingangstüren Menschen mit zwei Mündern, die mit gespaltener Zunge reden und entsprechend unzuverlässige Zeitgenossen sind. Achten Sie daher darauf, daß Ihr Zuhause nur einen Haupteingang hat. Sollte sich auf derselben Hausseite noch eine weitere Tür befinden, sorgen Sie durch entsprechende Gestaltung der eigentlichen Haustür dafür, daß diese eindeutig als Haupteingang zu erkennen ist.

Ein besonderes Augenmerk sollten Sie dem Weg widmen, der zur Haustür hinführt. Vermeiden Sie unbedingt, daß dieser wie ein gerader Pfeil auf den Eingang „zuschießt". Ein sanft geschwungener Wegverlauf führt das Ch'i in der rechten Geschwindigkeit auf das Haus zu und läßt es nicht ungebremst auf die Eingangstür prallen. Um einen gegebenen, geraden Zugangsweg im Sinne von Feng Shui zu verbessern, können Sie ihn z. B. um eine kleine Rabatte, eine hübsche Skulptur oder einen repräsentativen Brunnen herumführen, die Sie im Vorgarten plazieren.

Wichtig ist, daß das Ch'i nicht an der Haustür vorbeiströmt, sondern seinen Weg ins Haus findet. Um den Energiefluß ganz gezielt zur Eingangstür zu lenken, werden in China kleine Bagua-Spiegel verwendet, die man an der Tür anbringt. Ähnliche Traditionen gibt es auch bei uns. Ein floristisches Werkstück, ein modelliertes Namensschild oder ein von Kindern gestalteter Willkommensgruß erfüllen den gleichen Zweck.

Einladende Blumenpracht, eine gemütliche Bank sowie ein schräg auf die Eingangstür zulaufender Weg lenken den Energiefluß gezielt ins Haus.

Verschiedenste Bräuche und alte Gepflogenheiten bieten weitere Möglichkeiten, den Energiestrom zielgenau zur Haustür zu lenken:

• Wer ein Hufeisen, Glückssymbol unserer Kultur, über der Tür anbringt, beeinflußt das Ch'i günstig.

• Ein Türkranz stellt durch seinen geschlossenen Kreis ein Symbol für Einheit und Vollkommenheit dar. An der Haustür bestärkt er die Einheit von Haus und Garten.

• Bei alten Herrschaftshäusern wurde der Hauseingang oft von Löwenskulpturen bewacht – bei uns wie auch in China. Aufgrund seiner Kraft, der goldgelben Farbe seines Fells und der Mähne, die an einen Strahlenkranz erinnert, steht der Löwe in der Symbolkunde in enger Beziehung zum Licht und hat eine sonnenhafte Bedeutung. Schöne Löwenfiguren aus Terrakotta oder Stein lassen sich vielfach in Läden für Wohn- und Gartenaccessoires finden.

• Ein uralter Brauch im germanischen und angelsächsischen Kulturbereich ist es, Mistelzweige über die Tür zu hängen. Gerade in den dunklen, Yin-geprägten Wintermonaten, in denen die Naturkräfte in der Erde schlummern, wird die Mistel bei uns symbolhaft verwendet. Sie gilt heute vor allem als Glücksbringer. Als immergrünes Gewächs steht sie außerdem für Unsterblichkeit.

Anstatt Glückssymbole oder Blickfänge an oder über die Tür zu hängen, können Sie die Aufmerksamkeit und den Energiefluß auch auf die Eingangstür lenken, indem Sie seitlich davon unterschiedlich große Topf- oder Kübelpflanzen aufstellen. Nach der Feng-Shui-Lehre sollten Sie dabei allerdings eine symmetrische Anordnung vermeiden. Man muß dazu wissen, daß in China traditionellerweise ein Pflanzenpaar, etwa Säulenwacholder oder in Form geschnittener Buchs, den Eingang von Grabmälern flankiert. Kein Wunder also, daß eine solche Anordnung vor dem Wohnhaus im Feng Shui als wenig glückbringend gilt.

Die Terrasse und Gartensitzplätze

Die Terrasse ist der wohl am stärksten architektonisch beeinflußte Gartenraum. Sie setzt das Haus gewissermaßen im Garten fort, daher wird man sie besonders wohnlich gestalten, als einen Platz der Entspannung, aber auch der Kommunikation. Fragen Sie sich selbst, wofür Sie die Terrasse in erster Linie nutzen wollen, und wählen Sie dementsprechend die Möblierung aus. Nur streng sämtliche Feng-Shui-Regeln zu befolgen nützt Ihnen wenig, wenn dabei eine Terrassengestaltung herauskommt, die nicht Ihrem Lebensstil entspricht.

Bild rechte Seite: Südliches Flair strahlt dieser in Licht und Schatten getauchte Terrassenplatz aus, der den Übergang von Haus und Garten vergessen läßt.

Nutzen Sie Ihre Terrasse überwiegend zum Sonnenbaden, für ein Mittagsnickerchen oder zum entspannenden Lesen, sind breite Sitzmöbel mit dicken Polstern bzw. bequeme Sonnenliegen das Richtige. Nehmen Sie dagegen gern im Kreis der Familie die Mahlzeiten auf der Terrasse ein, empfiehlt sich ein Tisch in Eßtischgröße und -höhe mit entsprechenden Stühlen. Wenn Sie häufig mit Gästen auf

Dieser Sitzplatz direkt am Gartenteich lädt zum Innehalten und Nachdenken ein.

der Terrasse sitzen wollen, sollte der Tisch am besten ausziehbar oder anderweitig in der Größe veränderbar sein. Schmalere Stühle oder durchgehende Bänke sind variabler als breite Sessel, wenn es gilt, einer wechselnden Anzahl von Personen Platz zu geben.

Apropos Platz: Sorgen Sie dafür, daß der Sitzplatz ausreichend groß ist, damit man sich von allen Seiten bequem an den Tisch setzen kann. Für einen Tisch mit 90 cm Durchmesser bzw. Seitenlänge und vier Stühle sollten Sie etwa 3 mal 3 m Stellfläche einkalkulieren.

Ein zweiter Sitzplatz, der sich im Garten, aber abseits des Hauses, befindet, gibt einem die Wahlmöglichkeit, wo man sich gerade niederlassen möchte. Das mag von der momentanen Stimmung ebenso beeinflußt werden wie von Sonne und Schatten oder der Größe der verschiedenen Sitzplätze. Besonders schön wirkt ein Sitzplatz neben einem Teich oder Bachlauf. Das stimulierende Element Wasser liefert demjenigen, der sich dort aufhält, viel positive Energie.

Nach den Feng-Shui-Regeln ist der günstigste Platz für einen geräumigen Gartensitzplatz in der Bagua-Zone „Familie" (siehe Seite 24 f.). Eine lauschige Sitzecke für zwei, ein romantischer Pavillon, eine malerische Laube oder auch nur ein kleines Gartenbänkchen werden hingegen am besten in der Zone „Partnerschaft" (siehe Seite 23 f.) plaziert. Eine abschirmende Bepflanzung mit schön blühenden Sträuchern oder Kletterpflanzen liefert dort den richtigen Rahmen für traute Zweisamkeit oder vertrauliche Gespräche unter vier Augen. Sie sollten sich jedoch bei der Wahl eines geeigneten Platzes nicht sklavisch an das Bagua halten. Wenn in Ihrem Garten die Zone „Familie" oder „Partnerschaft" z. B. neben einer stark befahrenen Straße liegt, wäre es unsinnig, ausgerechnet dort einen Sitzplatz einzurichten. Die Orientierung nach dem Bagua ist nur ein Kriterium auf der Suche nach dem besten Standort für Sitzplätze. Sinngemäß gilt dies natürlich auch für alle anderen Gartenelemente, etwa Brunnen, Gemüsebeet oder Kinderspielwiese. Viel wichtiger ist, daß man sich dort, wo man sich niederläßt, rundherum wohl fühlen kann.

Der Nutzgarten

Insbesondere für Kinder – aber nicht nur für sie – ist es ein prägendes Erlebnis, den Weg vom Samenkorn zur reifen Frucht verfolgen zu können, von der Bearbeitung des Bodens über die Hege der heranwachsenden Pflanzen bis hin zur Ernte beteiligt zu sein. Es gibt ihnen ein tieferes Verständnis für das Wirken der Natur, was ganz im Sinne von Feng Shui ist.

Wieviel Fläche Sie dem Nutzgartenbereich in Ihrem Garten einräumen, hängt ganz von Ihren persönlichen Bedürfnissen und Neigungen ab. Ganz vernachlässigen sollten Sie diesen Gartenaspekt aber keinesfalls. Mit einem Gemüsebeet oder einem Apfelbaum können Sie z. B. die Bagua-Zonen „Reichtum" und „Kinder" (siehe Seite 23 f.) stärken. Aromatische Küchen- oder Heilkräuter entwickeln ein regelrechtes duftendes „Kraftfeld", sie vermehren das Ch'i im Garten enorm. Nach Empfehlung von Feng-Shui-Experten ist der beste Platz für ein Kräuterbeet die Südseite des Gartens. Aus praktischen Erwägungen sollte es aber möglichst nahe am Haus liegen, damit man nicht wegen jeder Handvoll Küchenkräuter den ganzen Garten durchqueren muß.

Die Plazierung eines Kompostierplatzes für die Garten- und Küchenabfälle bereitet oft Kopfzerbrechen, will ihn doch die Mehrzahl der Gartenbesitzer am liebsten unsichtbar machen. Natürlich wird man die Kompostmiete nicht gerade neben der Terrasse oder einem Gartensitzplatz aufstellen, aber man muß sie auch nicht unbedingt in der hintersten Gartenecke verstecken. Betrachten Sie den Kompostplatz doch einmal positiv: Die dort entstehende, überaus fruchtbare Komposterde bedeutet neue Wachstumskraft für die Pflanzen und somit künftigen Reichtum für den Gärtner.

Komposterde wird oft „das Gold des Gärtners" genannt.

Apfelbäume sollten im Feng-Shui-Garten am besten in die Bagua-Zonen „Reichtum" oder „Kinder" gepflanzt werden.

Ein richtig angelegter Komposthaufen stinkt nicht. Üble Gerüche entstehen nur, wenn das Material in Fäulnis übergeht, weil keine ausreichende Belüftung gewährleistet ist oder Nässe nicht versickern kann.

Ein Komposthaufen muß auch keineswegs häßlich aussehen. Sie können ihn verschönern, wenn Sie ihn z. B. mit Zucchini oder Kürbis bepflanzen. Diese Gemüsearten gedeihen mit dem sehr hohen Nährstoffgehalt des Komposts bestens, sie sorgen für ein üppiges grünes Kleid samt dekorativer Blüten und liefern auch noch schmackhaftes Gemüse. Mit ihrer enormen Wuchskraft kompensieren sie die zunächst negativen Energien der Verrottung und des Zerfalls und verleihen dem Kompostplatz statt dessen eine positive Ausstrahlung.

Garage, Werkstatt oder Geräteschuppen

Ein Abstellplatz für das Auto ist aus der heutigen Gartenplanung fast nicht mehr wegzudenken. In vielen Fällen läßt sich das Anliegen in Form eines überdachten, aber offenen Stellplatzes erfüllen. Oft besteht aber der Wunsch nach einer Garage, weil diese zusätzlich als Abstellplatz für andere Dinge wie Werkzeug, Gartengeräte, Gartenmöbel oder Fahrräder genutzt werden kann.

Zu den chinesischen Häusern der Vergangenheit gehörte zwar keine Garage, wohl aber eine Werkstatt. In einer Werkstatt befinden sich – ebenso wie heute in einem Geräteschuppen – viele spitze und schneidende Gegenstände, Elemente des Feuers und Wassers. Man denke nur an den Grill und den Gartenschlauch. Sorgen Sie also für einen Ausgleich: Ein Gartenhäuschen, das der Aufbewahrung derartiger Gerätschaften dient, sollte aus dem Baumaterial Holz und nicht aus Wellblech errichtet sowie mit Pflanzen umgeben sein, die ebenfalls das Element Holz einbringen. Was den besten Platz anbelangt, so ist er bei einer Garage meist schon durch die Zufahrtsmöglichkeit mit dem Auto festgelegt. Idealerweise läge sie in der Bagua-Zone „Hilfreiche Freunde"(siehe Seite 23). Für ein Gerätehäuschen empfehlen Feng-Shui-Berater die Zone „Wissen" (siehe Seite 25).

Schutz und Abgrenzung durch Mauern, Zäune und Hecken

Als soziales Wesen braucht der Mensch den Kontakt zu seiner Umgebung und den Mitmenschen. Er muß aber auch die Möglichkeit haben, sich zurückziehen zu können. Für letzteres bieten sich vor

Blühende Sträucher und Hecken schirmen den Garten äußerst attraktiv nach außen hin ab.

allem die eigene Wohnung und der Garten an. Daher sollte jeder Garten zumindest einige abgeschiedene Bereiche aufweisen, die vor fremden Blicken geschützt sind.

Andererseits hat ein Garten, der ringsum von einer hohen Mauer oder einer Formhecke umgeben ist, keinen Bezug mehr zur Umgebung, und seine Bewohner werden bald das beklemmende Gefühl der Isolation empfinden. Solch ein Garten ist weitgehend abgeschnitten von den Energieströmen der Umgebung. Wie so oft im Leben liegt die Kunst darin, das rechte Maß zu finden. Die Einfriedung des Gartens soll Schutz gewähren, zugleich aber genügend Öffnungen aufweisen, so daß der Kontakt nach außen erhalten bleibt.

Die Höhe der Umgrenzung des Gartens sollte nicht nur in einem angemessenen Verhältnis zur Größe des Grundstücks stehen, sondern auch auf das Haus abgestimmt sein. Eine hausnahe Einfriedung überschreitet im Idealfall die Höhe der Fenstersimse des Erdgeschosses nicht. Vor Gartenbereichen, die nicht unbedingt einen Sichtschutz benötigen, raten Feng-Shui-Experten sogar nur zu einer etwa hüfthohen Umzäunung.

Auch die „Himmlischen Tiere" (siehe Seite 19 f.) gilt es zu beachten, wenn es um die richtige Höhe der Grundstückseinfriedung geht.

Für ein gutes Feng Shui sollte die Begrenzung auf der Tigerseite eher niedrig gehalten werden, diejenige auf der Drachenseite kann dagegen höher ausfallen. Wünschenswert wäre vor allem, daß in Richtung des roten Phönix der Blick über den Garten hinweg auf die Umgebung frei bleibt.

Was macht man aber, wenn just auf der Phönixseite eine hohe Mauer steht oder der Nachbar eine hohe Hecke hochgezogen hat? Kein Grund zur Verzweiflung! Schaffen Sie sich selbst einen schönen Ausblick – wenn schon nicht auf die Umgebung, so doch wenigstens auf die vorgegebene Hecke oder Mauer. Setzen Sie z. B. einige in der Größe abgestufte Pflanzen davor, um eine räumliche Tiefenwirkung

Unschöne Mauern an der Phönixseite kann man durch Kletterpflanzen weitgehend verdecken.

zu erreichen. Eine Mauer können Sie von Kletterpflanzen beranken lassen oder mit dekorativen Gartenaccessoires, etwa einem Wandbrunnen, einer Plastik oder einer kleinen Laterne schmücken. Wenn es Ihnen gefällt, können Sie sie auch mit einem farbigen Anstrich versehen oder gar ein Landschaftsbild darauf malen. Eine andere Möglichkeit besteht darin, sie mit einem Relief oder Mosaik zu schmücken. Vermeiden Sie nur, vom Haus oder Garten aus immer eine nackte, trostlose Wand vor Augen zu haben. Das würde Ihre eigene Energie ungemein hemmen. In einer solchen Situation empfindet man leicht das Gefühl, „ein Brett vor dem Kopf" zu haben, man wird in seinem Denken gebremst und fühlt sich eingesperrt und deprimiert.

Umgeben Mauern das Grundstück, so sollten sie gerundete Ecken aufweisen. Die Rundungen fördern nicht nur den Ch'i-Fluß, sie ziehen nach Feng-Shui-Meinung auch Reichtum an. Darüber hinaus ist es wichtig, in Mauern mehrere Öffnungen einzuplanen. Durch solche Fenster bleibt der Kontakt zur Außenwelt bestehen, der Energiefluß zwischen Garten und Umgebung ist gewährleistet. An welchen Stellen sich der Garten nach außen öffnet, hängt zum einen natürlich vom Straßenverlauf bzw. den Zugangswegen ab, zum andern von der Nutzung der dahinterliegenden Gartenräume. Ein rein dekoratives Vorgärtchen etwa benötigt keinen Sichtschutz. Folglich kann hier ein Zaun niedrig und „durchsichtig" sein, womit er auch dem Energiefluß keine nennenswerte Barriere entgegensetzt. Bei anderen Gartenteilen wird man dem Schutz des familiären Intimbereichs den Vorrang geben und die Umgrenzung höher und vor allem blickdicht gestalten.

Die wichtigste Öffnung in der Umfriedung des Gartens stellt zweifellos die Gartentür dar. Ob es sich dabei um ein schmales, niedriges Türchen handelt, das nur Personen Einlaß gewährt, oder um ein breites Tor, das zugleich die Einfahrt für ein Auto darstellt, hängt nicht zuletzt davon ab, ob die Garage inner- oder außerhalb des Gartens liegt. Achten Sie in jedem Fall darauf, daß die Tür oder das Tor einladend und freundlich wirkt. Ein überdimensioniertes, durch sein hohes Gewicht schwer zu öffnendes Tor läßt beim Eintretenden ebenso ein unbehagliches Gefühl aufkommen wie eine Gartentür, die klemmt, oder ein Tor, das keinen Einblick in den dahinterliegenden Garten gewährt.

Die möglichen Formen der Öffnungen haben im Feng Shui unterschiedliche Bedeutung: Rechteckige Öffnungen symbolisieren die Erde, während gerundete Öffnungen, z. B. Torbögen, für den Himmel stehen. Sehen Sie sich das Umfeld Ihres Gartens mit Feng-Shui-Augen an und versuchen Sie, mit gezielter Gestaltung des Eingangs das Yin und Yang gut auszubalancieren.

Falls der Garten am Siedlungsrand liegt, ist es besonders wichtig, einen harmonischen Übergang in die umgebende Landschaft zu finden. Anstelle einer streng geschnittenen Thujenhecke etwa sollte man hier lieber eine freiwachsende Hecke aus heimischen Gehölzen (siehe Tabelle Seite 56) pflanzen, anstelle einer dichten Bretterwand paßt eher ein kunstvoll geschmiedetes Gitter oder ein naturbelassener Holzlattenzaun.

Gehölz (deutscher und botanischer Name)	**Wuchshöhe**	**Merkmale und Besonderheiten** (Monate der Blütezeit in römischen Ziffern)	**Zugeordnetes Feng-Shui-Element**
Bartblume *Caryopteris*-Arten	0,5 – 1 m	kugeliger Wuchs; graugrünes, duftendes Laub; blaue Blüten im Herbst (VIII-X)	kugeliger Wuchs: Metall blaue Blüten: Wasser
Maiblumenstrauch *Deutzia gracilis*	0,5 – 1 m	weiße Blüten im Sommer (V-VI)	lagernder Wuchs: Erde weiße Blüten: Metall
Spierstrauch *Spiraea*-Arten	0,5 – 2 m	je nach Art weiße Blüten im Frühling (IV-VI) oder rosa Blüten im Sommer (VI-IX)	bogig überhängender Wuchs: Erde weiße Blüten: Metall
Zierquitte *Choenomeles*-Arten	0,8 – 1,5 m	weiße, orange oder rosa Blüten (IV-V); kugelige Früchte; Dornen	orangefarbene Blüten: Feuer dornige Rinde: Feuer
Feuerdorn *Pyracantha coccinea*-Sorten	1 – 2 m	immergrün; weiße Blütendolden (V-VI); gelbe, orange oder rote Beeren; Dornen	Dornen sowie rote Früchte: Feuer
Geißblatt, Rote Heckenkirsche *Lonicera xylosteum*	1 – 2,5 m	sehr früher Austrieb; weiße Blüten (V); dunkelrote, kugelige Beeren; Vogelnährgehölz; heimisches Gehölz	weiße Blüten: Metall rote Beeren im Herbst: Feuer überhängender Wuchs: Erde
Schneeball *Viburnum*-Arten	1 – 3 m	duftende, weiße bis rosa Blüten (III-V), *V. farreri* Winterblüher (XI-XII und II-III); einige Arten heimische Gehölze	aufstrebender Wuchs: Holz winterliche Blüten von *V. farreri*: Holz weiße, kugelige Blütenstände: Metall
Garteneibisch *Hibiscus syriacus*-Sorten	1,5 – 2 m	weiße, rosa oder blauviolette Blüten (VI-IX)	aufrechter Wuchs: Holz
Blutjohannisbeere *Ribes sanguineum* 'Atrorubens'	1,5 – 3 m	dunkelrote Blütentrauben (IV); dicke schwarze, eßbare Beeren	dunkelrote Blüten: Feuer aufrechter Wuchs: Holz schwarze Früchte: Wasser
Purpur-Perückenstrauch *Cotinus coggygria* 'Royal purple'	2 – 3 m	dunkelrotes Laub; grünlichrote Blütenrispen (VI-VII); rötliche, silbrig überhauchte, flauschige Fruchtstände; rote Herbstfärbung	rotbraunes Laub sowie rote Herbstfärbung: Feuer lagernder Wuchs: Erde
Forsythie, Goldglöckchen *Forsythia*-Arten	2 – 3 m	gelbe Blüten noch vor dem Laubaustrieb (IV-V)	gelbe Blüten: Erde lagernder Wuchs: Erde
Kolkwitzie *Kolkwitzia amabilis*	2 – 3 m	rosa Blüten im Sommer (V-VI)	bogig überhängender Wuchs: Erde
Blasenstrauch *Colutea coggygria*	3 – 4 m	gelbe Blüten (V-VII); graubraune, aufgeblasene Samenhülsen im Herbst	aufrechter Wuchs: Holz gelbe Blüten: Erde
Perückenstrauch *Cotinus coggygria*	3 – 5 m	grünlichgelbe Blütenrispen (VI-VII); rötliche, flauschige Fruchtstände; orangerote Herbstfärbung	orangerote Herbstfärbung: Feuer lagernder Wuchs: Erde
Flieder *Syringa*-Arten	3 – 6 m	duftende Blüten in Weiß, Rosa, Lila oder Purpurrot (V-VI)	aufstrebender Wuchs: Holz
Felsenbirne *Amelanchier*-Arten	4 – 6 m	bronzefarbener Austrieb; weiße Blüten (IV); eßbare Früchte; Vogelnährgehölz; leuchtend orange- bis kupferrote Herbstfärbung	Wuchs (Altersform) sowie eßbare Früchte: Erde weiße Blüten: Metall Herbstfärbung: Feuer
Kornelkirsche *Cornus mas*	4 – 7 m	Vorfrühlingsblüher; duftende, gelbe Blütenbüschel noch vor dem Laubaustrieb (II-IV); eßbare Früchte (Marmelade!); Vogelnährgehölz; gelbe Herbstfärbung; heimisches Gehölz	gelbe Blüten und Herbstfärbung sowie eßbare Früchte: Erde aufrechter Wuchs: Holz rote Früchte: Feuer

Der von Geißblatt berankte Eingangsbogen verleiht dem schlichten Holzzaun eine besondere Atmosphäre.

Gutem Feng Shui entspricht es, für die Einfriedung des Grundstücks Materialien zu verwenden, die für die jeweilige Gegend typisch sind. Eine besonders glückliche Verbindung stellt die Kombination von Stein und Pflanzen dar. Sie fördert den Ch'i-Fluß und vermittelt ein Gefühl von Ausgewogenheit und Kontinuität. Mauern, von denen Efeuranken herabhängen oder aus deren Fugen Grün quillt, sind dabei ebenso attraktiv wie z. B. gemauerte Pfosten, auf denen Blumenkästen stehen.

Pflanzen beleben aber auch Zäune, ob aus Holz oder aus Schmiedeeisen. Ein einfacher Holzzaun gewinnt ländlichen Charme, wenn sich von innen hohe Blütenstauden dagegenlehnen, schmiedeeiserne Stäbe verlieren ihre Strenge, wenn sich zu ihren Füßen Kapuzinerkresse ausbreitet. Für einen wenig reizvollen Drahtgitterzaun schließlich können Hecken und einzelne Sträucher, aber auch einjährige Kletterpflanzen zu einer Tarnkappe werden. Indem sie das Drahtgeflecht durch- oder überwachsen, lassen sie den unschönen Zaun buchstäblich von der Bildfläche verschwinden. Unter den Kletterpflanzen eignen sich für diesen Zweck z. B. Edelwicken *(Lathyrus odoratus)*, Trichterwinde *(Ipomoea tricolor)* oder Schwarzäugige Susanne *(Thunbergia alata)* besonders gut.

Zäune aus Schmiedeeisen oder Holzstaketen dürfen im Feng Shui keine nach unten zeigenden Spitzen haben, die auf einen sozialen Abstieg hinweisen würden. Auch nach innen, zum Haus und Garten hin gerichtete Spitzen sind ungünstig, da sie als „Giftpfeile" wirken. Himmelwärts weisende Spitzen hingegen gelten als neutral.

Die richtige Auswahl der Pflanzen kann das Ch'i von Haus und Garten entscheidend verbessern.

Pflanzen im Feng-Shui-Garten

Erst Pflanzen machen einen Garten zu dem, was wir uns von ihm erträumen: ein Stück Natur, das uns gleich vor der Haustür umfängt. Mit ihren Blüten und Blättern, ihren Farben und Formen vermögen sie unsere Sinne wie auch unsere Phantasie angenehm zu stimulieren. Im übrigen tragen sie entscheidend zur Raumbildung in einem Garten bei und vermitteln dabei ein Gefühl von Geborgenheit und Schutz.

„Jeder, der sich die Fähigkeit erhält, Schönes zu erkennen, wird nie alt werden."
Franz Kafka

Anders als Häuser, Mauern und Zäune ändern Pflanzen durch ihr Wachstum fortwährend ihre Gestalt – und damit zugleich das Bild des Gartens. Hinzu kommt noch der jahreszeitlich bedingte Wechsel ihrer Erscheinung, der das grüne Wohnzimmer gleichsam als natürlichen Kalender fungieren läßt. Aus chinesischer Sicht verdeutlichen die Gewächse symbolhaft den Wandel und die Wiederkehr in allen Lebensvorgängen.

Pflanzen sind aber nicht nur schön oder interessant anzusehen, sie bringen uns obendrein in klimatischer wie ökologischer Hinsicht vielfältigen Nutzen. Durch Transpiration sorgen sie für eine ausgeglichene Luftfeuchtigkeit und tragen dadurch wohltuend zur Verbesserung des Kleinklimas im Garten bei. Sie mildern durch ihren Schattenwurf die Hitze des Hochsommers und reinigen mit Hilfe ihrer Blätter die Luft von Schadstoffen. Aufgrund der unterschiedlichen Neigungswinkel ihrer Blätter dämpfen sie darüber hinaus wirksam die Geräusche der Umgebung. Nicht zuletzt bieten sie zahlreichen Tierarten, allen voran Insekten und Singvögeln, Lebensraum, Schutz und Nahrung.

Gräser verleihen jedem Feng-Shui-Garten eine ganz besondere Note.

Feng-Shui-Meister aller Zeiten haben sich über die Rolle, die Pflanzen für unser Leben und unser Wohlbefinden spielen, viele Gedanken gemacht. Für sie steht fest, daß die richtige Auswahl der Pflanzen, die wir in unsere unmittelbare Wohnumgebung holen, das Ch'i von Haus und Garten entscheidend verbessern kann. Aber auch nach westlichem Verständnis ist es offensichtlich, daß man mit Pflanzen Harmonie in den Garten bringen kann. Gewächse, die am richtigen Standort prächtig gedeihen, erfreuen durch ihr gesundes Wachstum und durch ihre Blatt- und Blütenfülle. Die erlebte Freude entspannt und beruhigt, sie steigert zudem die Attraktivität des Gartens. Dies wiederum führt dazu, daß sich die Menschen gern und oft darin aufhalten und dadurch, so ganz nebenbei, eine engere Beziehung zur Natur bekommen.

Die richtige Auswahl der Pflanzen

„Das Widerstrebende vereinige sich, und aus den entgegengesetzten Tönen entstehe die schönste Harmonie."
Heraklit

Die Zahl an kultivierten Pflanzenarten und -sorten, die für die Gestaltung des Gartens in Frage kommen und für jedermann erhältlich sind, ist heutzutage ziemlich groß. Baumschulen, Staudengärtnereien, Gartencenter und Spezialgärtnereien können einem beinahe jeden Wunsch erfüllen. Doch gilt es, die Auswahl der Pflanzen für den Feng-Shui-Garten gründlich zu überlegen und verschiedene Gesichtspunkte zu überdenken. Neben der Feng-Shui-Wirkung der einzelnen Gewächse sind insbesondere allgemeine gärtnerische Kriterien zu berücksichtigen.

Größe der Pflanze: Allem voran müssen Sie entscheiden, an welchem Platz im Garten die neue Pflanze stehen soll und welchem Zweck sie dort dienen soll. Entsprechend wird die Wahl auf eine groß- oder eine kleinwüchsige Pflanze fallen. Erkundigen Sie sich

Verschieden hohe Pflanzen wie der Zierlauch und der Ginster wirken zwischen dem sanften Grau der Steine und dem sattgrünen Hintergrund besonders ausgewogen.

beim Kauf nach der Größe im ausgewachsenen Zustand und wann diese erreicht sein wird. So manches klein erworbene Gewächs sprengt im Lauf der Jahre die ihm zugedachten Dimensionen bei weitem. Und einen zu hoch gewachsenen Baum zu fällen oder allzu ausladend wachsende Sträucher immer wieder radikal zu stutzen bedeutet jedesmal einen gravierenden, das Ch'i störenden Eingriff in die Harmonie des Gartens.

Beachten Sie beim Pflanzen von Bäumen und Hecken auch die an Ihrem Wohnort gültigen Vorschriften über Mindestgrenzabstände von Gehölzen. Auskünfte darüber erteilen die kommunalen Ordnungsämter. So mancher nachbarliche Streit, der leicht zum Gerichtsfall wird, läßt sich durch die Einhaltung der gesetzlichen Vorschriften von vornherein vermeiden.

Standortansprüche: Wirklich gut gedeihen werden Pflanzen nur, wenn sie an ihrem neuen Standort im Garten diejenigen Lebensbedingungen vorfinden, die sie ihrer Natur nach brauchen. Klären Sie daher zunächst, welchen Bodentyp Sie im Garten haben und wie es mit dem Nährstoffgehalt der Erde bestellt ist. Beobachten Sie außerdem, wie sonnig oder schattig, geschützt oder windexponiert der vorgesehene Pflanzplatz ist. Wählen Sie dann nur solche Gewächse aus, die entsprechende Ansprüche an den Standort stellen. Lassen Sie sich diesbezüglich in der Baumschule oder Gärtnerei von einem Fachverkäufer beraten. Eine Pflanze kann zwar hinsichtlich ihrer Zuordnung zu einem bestimmten Element bzw. zu Yin oder Yang bestens in einen Garten passen, jedoch aufgrund falscher Umweltgegebenheiten kümmerlich bleiben oder gar eingehen. In diesem Fall würde sie statt des guten Ch'i eher schlechtes Sha in den Garten bringen.

Pflegeaufwand: Nicht zuletzt ist die Überlegung wichtig, welchen Pflegeaufwand man als Gartenbesitzer künftig betreiben will – und zwar möglichst schon vor der Anlage des Gartens. Ein Vorgarten voller Schmuckrabatten gestaltet sich ungleich arbeitsintensiver als eine bloße Grünfläche mit einigen Ziergehölzen.

In der Feng-Shui-Überlieferung heißt es, die allerbesten Pflanzen im Garten seien diejenigen, die ihren Weg auf natürliche Weise hineingefunden haben konnten. Nach chinesischer Ansicht sollte ein Garten vorzugsweise die Schönheit heimischer Pflanzen vor Augen führen statt solcher, die in der Gegend nicht vorkommen. Es ist keineswegs im Sinne von Feng Shui, Ihren Garten zu einer Ausstellungsfläche exotischer Flora zu machen. Denn das würde ihn in der umgebenden Landschaft höchstens zum Fremdkörper werden lassen.

Doch brauchen Liebhaber exotischer Pflanzen durchaus nicht ganz auf ihre Favoriten zu verzichten. Denn in gebäudenahen Gartenräumen können sie ohne weiteres verwendet werden. Hier dominiert ohnehin ein stark vom Menschen beeinflußter Stil über die Natur. Im Schutz- und Randbereich des Gartens hingegen sollte man unbedingt auf heimische Vegetation zurückgreifen (siehe auch Seite 71), um den Garten harmonisch in die Landschaft einzufügen.

Wildrosen wie die Sorte 'Kiese' zaubern fernöstliches Flair in den Garten.

„Zum Glück gibt es nur zwei Wege: entweder sich so hoch erheben, daß einem die Welt kleinwinzig erscheint, oder sich niederlassen in eine tiefe Furche, wo einem jeder Grashalm unserer Umgebung als etwas Großes erscheint."
Johann Nestroy

Bäume

Schon allein aufgrund ihrer Größe sind Bäume in der Regel die dominierenden Pflanzengestalten eines Gartens. Sie prägen sein Bild und verleihen ihm Charakter. Je nach Art erreichen diese vielseitigen Gehölze Höhen von 5 bis 35 m. Dennoch beanspruchen sie nur wenig Standfläche. Viele bilden mit ihren Kronen regelrechte grüne Dächer, unter denen man sich geborgen fühlen kann. Nicht zuletzt tragen sie durch ihre enorme Blattmasse stark zur Verbesserung des Kleinklimas bei.

In allen Kulturen werden oder wurden Bäume als Symbolträger geachtet. Sie stehen für die Verbindung von Himmel und Erde, für Leben und Tod, ihnen werden männliche und weibliche Eigenschaften zugeschrieben. In der Tradition der chinesischen Kultur haben Bäume gleichfalls einen besonderen Stellenwert. Sie gelten dort als mächtige Transformatoren der Naturkräfte und werden als solche sehr verehrt. Nach der Lehre des Feng Shui fangen Bäume das Ch'i geradezu ein und sammeln es. Daher können in ihrer Umgebung extreme „Kraftorte" entstehen. Ein Sitzplatz unter einem großen, kraftvollen Baum dient daher dem Ausruhenden als Energietankstelle.

Noch vor wenigen Jahrzehnten spielten Symbole und Symbolkraft auch in unserer Lebensweise eine bedeutende Rolle. So gab es z. B. den weitverbreiteten Brauch, zur Geburt eines Kindes einen Baum zu pflanzen. Der neue Erdenbürger sollte zu ebensolcher Stärke heranwachsen und sich eines ebenso langen Lebens erfreuen wie sein grüner Lebensbegleiter. Wäre es nicht reizvoll, diesen schönen, alten Brauch wieder aufleben zu lassen?

In ländlichen Gegenden war der „Hausbaum" weit verbreitet, ein großer Baum, zum Schutz des Anwesens gepflanzt. Dieselbe Funktion hatte von jeher der Baum, der mitten auf dem Dorfplatz stand. Weil sich dort zudem meist ein Brunnen befand, diente der Baum nicht nur als Schutzsymbol, sondern zugleich als zentraler Punkt der Kommunikation unter den Dorfbewohnern. Wie beim Hausbaum war rings um seinen Stamm häufig eine Bank gebaut. Mit Feng Shui kommt nun die Bestätigung aus dem Fernen Osten zu uns, daß es für einen Ruheplatz keine bessere Stelle gibt.

Auch in China wird nahe dem Haus gern ein Baum gepflanzt, der über das Geschick des Anwesens wachen und das Glück seiner

Bäume am Haus beschützen seine Bewohner auf anmutigste Weise.

Bewohner beschirmen soll. Passend zur chinesischen Vegetation ist solch ein Schutzbaum vorzugsweise immergrün sowie eine ausgesprochen langlebige und fruchtbare Art. Die Chinesen betrachten die Eibe als besonders geeignet dafür, einen Nadelbaum, der übrigens ebenso in der germanischen Kultur eine hohe Symbolkraft hat. Potentiellen Nachahmern sei jedoch einschränkend gesagt, daß Nadelbäume nicht in jede Gegend passen. Wo sie in der natürlichen Vegetation fehlen, sind auch im Garten Laubbäume vorzuziehen. Soll ein einzelner Baum als kontrollierendes oder ausgleichendes Element vor das Haus gepflanzt werden, empfehlen Feng-Shui-Experten eine Kiefer. Sie verkörpert das männliche Prinzip unter den Bäumen. Und mit ihrem im Alter immer eigenwilligeren Wuchs symbolisiert sie wie kein anderer Baum ein langes Leben.

Lassen Sie das Wissen über die Symbolik der Bäume ruhig in Ihre Überlegungen einfließen, welcher Baum sich wohl für Ihren Garten eignen würde. Sie werden den Baum Ihrer Wahl dann mit anderen Augen sehen.

Auch die Weide und die Zypresse gehören zu den langlebigen Baumarten, die einem Garten immerwährendes Glück verheißen sollen. Weiden werden vorzugsweise an den Teichrand gepflanzt. Wenn sie sich im Winde wiegen, erinnern sie an die Biegsamkeit und Anmut von Tänzerinnen. Ihre Wertschätzung beschränkt sich im übrigen nicht auf China. Für die Buddhisten ist Wasser, das mit einer Weidenrute versprengt wird, rein und heilig.

Noch weitere symbolträchtige Bäume aus unserem westlichen Kulturkreis lassen sich aufzählen: Die Esche wurde von den alten

Germanen als der „Weltenbaum" schlechthin verehrt. Dahinter steht die mythische Vorstellung von einem Baum, der von der Erde bis zum Himmel reicht, mit anderen Worten das Universum verbindet. Die Birke mit ihrem zartgrünen Austrieb und die Zierkirsche mit ihren rosa Blüten symbolisieren gleichermaßen den kommenden Frühling und damit einen hoffnungsvollen Neubeginn. Der Apfelbaum steht für Fruchtbarkeit. Überdies stellt er wegen der Kugelgestalt seiner Krone wie seiner Früchte ein Sinnbild für die Ewigkeit dar.

Doch unabhängig von der symbolischen Bedeutung, der Baum muß in den Garten passen. Eine riesige Kiefer etwa wäre in einem schmalen Reihenhausgarten wahrlich fehl am Platze. Sie würde die Bewohner eher negativ beeinflussen, denn abgesehen von den unausgewogenen Proportionen nähme sie Garten wie Haus zuviel Licht weg. Wenn es um so ein großes und dominantes Gewächs wie einen Baum geht, will die Artauswahl und die Standortfrage besonders gut überlegt sein.

„Der Urgrund des Schönen besteht in einem gewissen Zusammenklang der Gegensätze."
Thomas von Aquin

Neben den rein gärtnerischen Kriterien gilt es im Feng Shui bei der Auswahl der Pflanzen zusätzlich auf die Ausgewogenheit der Elemente sowie des Yin und Yang zu achten. Um die verschiedenen Gehölze den einzelnen Elementen richtig zuzuordnen, genügt es vielfach schon, ihre Wuchsform genau zu betrachten. So werden z. B. Wacholdersorten, die als schlanke Säulen emporwachsen, dem Ele-

Mein Freund der Baum

Nehmen Sie sich bei der Auswahl eines geeigneten Baums für Ihren Garten viel Zeit. Lassen Sie sich von einem Fachmann beraten und wählen Sie schließlich „Ihren" Baum aus. Das mag einer sein, der Sie in der Baumschule besonders anspricht, oder einer, der in Ihrer Lieblingsfarbe oder jährlich zu Ihrem Geburtstag blüht, oder einer, der Sie an etwas Schönes erinnert. Es kann die verschiedensten Gründe geben, sich zu einer ganz bestimmten Pflanze hingezogen zu fühlen. Der Anblick dieses speziellen Baums wird Ihnen dann Freude bereiten, so oft Sie den Blick zu ihm wenden, und das wiederum wird Ihre persönliche Energie bedeutend steigern.

Bild linke Seite: Ein Sitzplatz unter einem prächtigen Baum dient dem Ausruhenden als Ort, an dem er Energie tanken kann.

ment Holz zugeordnet, während die hängenden Zweige einer Trauerweide diesen Baum dem Element Wasser zuweisen. Auch die Blattformen können in die Betrachtungen mit einbezogen werden. So steht z.B. Eichenlaub, an dem alles gerundet ist, für Yin, wogegen die zackigen Ahornblätter das harte, feurige Yang repräsentieren.

Nach den Kriterien des Feng Shui eignet sich die Drachenseite des Gartens besonders gut für die Pflanzung von Bäumen. Eine ganze Baumgruppe ist dabei am besten auf der Drachenseite in Richtung des Hause aufgehoben. In der Mitte des Gartens sollen hingegen niemals Bäume stehen. Das würde die empfohlene freie Gestaltung des Zentrums (siehe Seite 43) zunichte machen.

Eine Baumgruppe pflanzt man am besten auf die Drachenseite des Gartens.

Außerdem halten die Chinesen nicht viel von einem großen Baum direkt vor dem Haus, es sei denn, er dient zur Abschirmung gegen ungünstige Einflüsse von außerhalb. Sie glauben, daß er das Einströmen des Ch'i in das Haus hemmt oder, wie sie es auszudrücken pflegen, den „Eintritt des Reichtums" behindert.

Anders sieht die Situation bei einem L-förmigen oder gar U-förmigen Grundriß des Wohnhauses aus. In einem solchen Fall kann ein Baum, in den offenen Winkel des Gebäudes gepflanzt, einen erwünschten Ausgleich schaffen zur „Fehlstelle" im Hausgrundriß. Das ideale Feng-Shui-Haus ist ja ein vollständiges Rechteck.

Ist der richtige Baum schließlich gefunden und an die passende Stelle im Garten gepflanzt, wird im folgenden die Natur das Ihre tun, um den Baum zu einer Quelle der Energie zu machen. Im Lauf der Jahre wird sein natürliches Ch'i immer stärker. Stattliche, alte Bäume verkörpern für Chinesen die Weisheit des Alters, daher ist ihnen größter Respekt entgegenzubringen. Die Feng-Shui-Meister lehren, ehrwürdige Baumveteranen keinesfalls zu fällen. Sie sollten auch nicht stark zurückgeschnitten werden, es sei denn, eine Krankheit oder Holzverletzung macht dies notwendig, um den Baum zu retten.

Ganz allgemein gilt es im Feng Shui als günstiger, Bäume in ihrer natürlichen Wuchsform wachsen zu lassen, anstatt sie immer wieder stark zu beschneiden. Sie gar in das straffe Korsett eines Formschnitts zu zwängen kommt aus Feng-Shui-Sicht einer Vergewaltigung gleich. Spielen Sie bei der Gartengestaltung lieber mit der Vielfalt der natürlichen Wuchsformen von Gehölzen. Das Resultat hat auf jeden Fall besseres Feng Shui als kunstvoll zu Figuren getrimmte Kronen.

Strauch (deutscher und botanischer Name)	**Wuchshöhe**	**Merkmale und Besonderheiten** (Monate der Blütezeit in römischen Ziffern)	**Zugeordnetes Feng-Shui-Element**
Johanniskraut *Hypericum*-Arten	0,2 – 1,5 m, je nach Art	verschiedene Sorten; goldgelbe Blüten (VI-X); wintergrün	gelbe Blüten: Erde
Strauchrosen *Rosa*-Sorten	0,3 – 2 m, je nach Sorte	zahlreiche Sorten mit verschiedenen Blütenfarben; benötigen Sonne	Stacheln, tiefrote Blütenfarbe einiger Sorten: Feuer
Fingerstrauch *Potentilla fruticosa*	0,4 – 2 m, je nach Sorte	viele verschiedene Sorten; Blüten in Weiß, Gelb, Orange oder Rot (VI-X)	buschiger Wuchs: Metall
Azaleen *Rhododendron*-Hybriden	0,6 – 2 m	verschiedene Sorten, Größen, Farben; benötigen Torfsubstrat und halbschattige Lage	feurig orangerote Blüten: Feuer gelbe, duftende Blüten: Erde weiße, kugelige Blüten: Metall
Bauernhortensie *Hydrangea*-Hybriden	1 – 1,5 m	verschiedene Sorten; dichtbuschiger, kompakter Wuchs; weiße, rosa- bis purpurrote oder blaue Blüten (VII-IX); frostgeschützte Lage erforderlich	Wuchs und kugelige Blütenform: Metall blaue Blüten (z.B. bei 'Blue Bird', 'Blue Bonnet'): Wasser
Fächermispel *Cotoneaster horizontalis*	1 – 1,5 m Breite: 2 – 3 m	ausgebreiteter bis überhängender Wuchs; eher unscheinbare Blüten (V-VI), aber reicher, roter Fruchtschmuck; feurig-orange Herbstfärbung	ausgebreiteter Wuchs: Wasser Früchte und Herbstfärbung: Feuer
Gartenjasmin *Philadelphus*-Hybride 'Belle Etoile'	1 – 1,5 m	kompakter, buschiger Wuchs; glockige, weiße, duftende Blüten (V-VI)	kugeliger Wuchs und weiße Blüten: Metall
Wohlriechender Schneeball *Viburnum carlesii*	1 – 1,5 m	kleiner, breitbuschiger, halbkugeliger Wuchs; duftende, weiß-rosa Blütendolden (IV-V); orangerote Herbstfärbung	Wuchsform und Blüten: Metall Herbstfärbung: Feuer
Schmuckginster *Cytisus* x *praecox*	1 – 2 m	verschiedene Sorten mit weißen, gelben, rosa-, lila- oder purpurfarbenen Blüten (IV-V); regelmäßiger Schnitt	grüne, schmale Zweige: Holz gelbe Blüten: Erde
Winterjasmin *Jasminum nudiflorum*	1 – 2 m	überhängender Wuchs, für Mauerkronen oder Steinformationen gut geeignet; gelbe Blüten (XII-IV)	gelbe Blüten im Winter: Erde überhängender Wuchs: Wasser
Glockenstrauch *Weigelia*-Hybride 'Eva Rathke'	1,5 – 2 m	breitbogig überhängender Wuchs; Blütezeit (V-VI); regelmäßiger Rückschnitt erforderlich	karminrote, glockenförmige Blüten: Feuer
Winterschneeball *Vibumum* x *bodnantense*	2 – 2,5 m	duftende, rosa-weiße Blüten im Winter (XI-III)	straff aufrechter Wuchs: Holz weißliche Blütendolden: Metall
Korkflügelstrauch *Euonymus alata*	2 – 3 m	breiter, dicht verzweigter Wuchs; kantige Rinde mit breiten Korkleisten	kompakter, kugeliger Wuchs: Metall leuchtend rote Herbstfärbung: Feuer
Alaska-Stechpalme *Ilex aquifolium* 'Alaska'	2 – 3 m	breitbuschiger Wuchs; immergrün; unauffällige Blüten (V-VI), tiefroter Beerenschmuck; sehr gute Frosthärte	dornige Blätter, rote Früchte: Feuer
Zaubernuß *Hamamelis*-Arten und -Sorten	2 – 3 m	trichterförmiger, bizarrer Wuchs; gelbe bis orangerote Blüten; intensive orangerote Herbstfärbung	Wuchsform, Blüten und Herbstfärbung: Feuer
Sternmagnolie *Magnolia stellata*	2 – 3 m	breitbuschiger Wuchs, langsam wachsend; weiße, sternförmige Blüten (III-IV); nicht schneiden!	kompakter Wuchs, Blüten: Metall
Gewöhnlicher Schneeball *Viburnum opulus*	3 – 4 m	straff aufrechter Strauch; große, weiße Blütendolden (V-VI); orange Herbstfärbung; verlangt feuchten, nährstoffreichen Boden	weiße, runde Blütendolden: Metall rote Beeren: Feuer aufrechter Wuchs: Holz

Kletterpflanze (dt. und botan. Name)	**Wuchshöhe**	**Merkmale und Besonderheiten** (Monate der Blütezeit in römischen Ziffern)	**Zugeordnetes Feng-Shui-Element**
Selbstkletterer (halten sich mit Haftwurzeln oder -scheiben an rauhen Unterlagen fest; kommen ohne Kletterhilfen aus)			
Trompetenwinde *Campsis radicans*	7 – 9 m	gefiedertes, frischgrünes Laub; leuchtend orangerote Blüten (V-IX)	Wuchsform: Holz Blüten: Feuer
Efeu *Hedera helix*	10 – 30 m	immergrün; langsamwachsend; Blüten (IX-X) und (giftige!) Beeren erst im Alter; kann auch als Bodendecker eingesetzt werden	bei aufrechtem Wuchs: Holz bei flächiger Verwendung: Wasser
Kletterhortensie *Hydrangea anomala* ssp. *petiolaris*	6 – 10 m	benötigt halbschattige Lage; große, weiße Blütendolden (VI-VII); im Winter dekorativ durch rotbraune bis zimtfarbene Rinde	Wuchs: Holz weiße, runde Blütenstände: Metall
Jungfernrebe, Zaunrebe, Mauerwein *Parthenocissus quinquefolia*	8 – 12 m	raschwachsend, flächendeckend; fünfteilige Blätter, rötlicher Austrieb, karminrote Herbstfärbung; Blüten (VI-VII) unscheinbar, schwach duftend, gute Bienenweide; blauschwarze Beeren, Vogelnahrung	Wuchsform: Holz
Ranker (halten sich mit Hilfe dünner Rankorgane an Rankgittern, gespannten Drähten oder anderen Kletterhilfen fest)			
Clematis *Clematis*-Arten und -Sorten	3 – 10 m	langsam- und schnellwüchsige Arten und Sorten; verschiedene Blütenfarben (Weiß-, Rosa-, Dunkelrot-, Violett- und Blautöne); reicher Blütenflor (IV-X, je nach Art); schöne silberweiße, fedrige Fruchtstände	Wuchsform: Holz *Clematis alpina* (blaue Blüten, wächst gern über große Steine): Wasser
Rebe, Wilder Wein *Vitis*-Arten	5 – 15 m	raschwüchsig; sehr dichte Belaubung, gelbe bis rote Herbstfärbung; unscheinbare gelbgrüne, duftende Blüten (VI-VII); Früchte gelbgrüne oder bläulichrote Trauben, manche Sorten eßbar, Vogelnahrung	Wuchsform: Holz Herbstfärbung: Feuer
Schlinger (benötigen stabile Kletterhilfen, um die sich ihre biegsamen Triebe nach oben winden)			
Pfeifenwinde *Aristolochia macrophylla*	6 – 10 m	üppige Belaubung mit großflächigen Blättern, gibt tiefen Schatten; Blüten unauffällig	Wuchsform: Holz
Chinesischer Baumwürger *Celastrus orbiculatus*	bis 12 m	kräftig gelbe Herbstfärbung; an den kahlen Zweigen im Winter kugelige, gelbe Früchte mit leuchtend roten (giftigen!) Samen. Für Fruchtschmuck sind männliche und weibliche Pflanzen notwendig.	Wuchsform: Holz Früchte: Feuer
Schlingknöterich *Fallopia aubertii*	8 – 12 m	sehr raschwüchsig (bis 6m/Jahr), üppig und flächendeckend; lange, weiße Blütenrispen (VII-X); gute Bienenweide	Wuchsform: Holz
Geißschlinge *Lonicera*-Arten	3 – 6 m	weiß-gelbe, orangefarbene, rosa oder dottergelbe Blüten, (je nach Sorte V-VIII); purpur- bis korallenrote (giftige!) Kugelbeeren (IX)	Wuchsform: Holz Blüten: Erde
Blauregen, Glyzine *Wisteria sinensis*	6 – 10 m	starkwüchsig; lang herabhängende, weiße oder blauviolette Blütentrauben (IV-V); Pflanze in allen Teilen giftig!	Wuchsform: Holz blauviolette Blütentrauben: Wasser
Spreizklimmer (klettern, indem sie sich mit Stacheln oder steifen Zweigen einspreizen; müssen aufgebunden werden)			
Kletterrosen *Rosa*-Sorten	2 – 5 m	in vielen Farben z.B. weiß, gelb, rosa, orange, rot usw.; Stacheln; benötigen sonnigen Standort	Wuchsform: Holz Stacheln: Feuer
Kletterbrombeere *Rubus henryi*	2 – 4 m	immergrün; glänzend dunkelgrünes Laub; rosalila Blüten (VI-VII); schwarze Beeren (IX), eßbar	Wuchsform: Holz; Stacheln: Feuer schwarze Beeren: Wasser

Strauch (deutscher und botanischer Name)	Wuchshöhe
Feng-Shui-Element: Holz • straff aufrechter, aufstrebender, schlanker oder üppig wuchernder Wuchs • schmale, grasartige Blätter • Farben: helles Blau, Grün	
Binsenlilie *Sisyrinchium striatum* (S)	45 – 60 cm
Königskerze *Verbascum nigrum* (S)	60 – 100 cm
Kleines Chinaschilf *Miscanthus sinensis* 'Gracilimus' (S)	120 cm
Steppenlilie *Eremurus himalaicus* (S)	200 – 250 cm
Ziertabak *Nicotiana* 'Domino Series' (E)	30 cm
Ziermais *Zea mays* 'Gracilima Variegata' (E)	90 cm
Stockrose *Alcea rosea* (E)	150 – 200 cm
Feng-Shui-Element: Feuer • dreieckige, spitz nach oben zulaufende, scharfkantige Formen • spitze, pfeilförmige Blätter; Dornen oder Stacheln • aufstrebender Blütenstand; Blütenfarben: leuchtendes Rot, Weinrot	
Astilbe *Astilbe-Arendsii*-Hybride 'Fanal' (S)	60 cm
Blutweiderich *Lythrum virgatum* 'The Rocket' (S)	100 cm
Sonnenbraut *Helenium*-Hybride 'Moerheim Beauty' (S)	100 cm
Indianernessel *Monarda didyma* 'Cambridge Scarlet' (S)	100 cm
Brennende Liebe *Lychnis chalcedonica* (S)	100 – 120 cm
Roter Salbei *Salvia splendens* 'Flare Path' (E)	20 – 30 cm
Löwenmaul *Antirrhinum majus* (E)	60 – 70 cm
Feng-Shui-Element: Erde • kompakte, eher flache Formen • rundliche Blätter • Blütenfarben: Gelb, Orange, Braun, Erd- und Herbsttöne	
Nachtkerze *Oenothera tetragona* 'Fireworks' (S)	30 – 40 cm
Frauenmantel *Alchemilla mollis* (S)	50 cm
Sonnenhut *Rudbeckia fulgida* 'Goldsturm' (S)	75 cm

Pflanze (deutscher und botanischer Name)	Wuchshöhe
Pantoffelblume *Calceolaria* 'Sunrise' (E)	20 cm
Kapuzinerkresse *Tropaeolum majus 'Alaska' (E)*	30 cm
Studentenblume *Tagetes* 'Crackerjack' (E)	60 cm
Ringelblume *Calendula officinalis* 'Kablouna' (E)	60 cm
Feng-Shui-Element: Metall • kugelige, runde Wuchsformen • rundliche, glänzend grüne Blätter • Blüten- und Blattfarben: Weiß, Grau, Silbern	
Schleifenblume *Iberis sempervirens* (S)	15 – 30 cm
Christrose *Helleborus niger, Helleborus orientalis* (S)	30 – 45 cm
Weiße Margerite *Chrysanthemum* x *superbum* 'Elizabeth' (S)	100 cm
Weiße Pfingstrose *Paeonia*-Sorten, z.B. 'Duchesse de Nemours' (S)	120 cm
Kapkörbchen *Dimorphotheca pluvialis* (E)	20 – 30 cm
Weiße Levkoje *Matthiola* 'Giant Imperial' (E)	50 cm
Weiße Malve *Lavatera trimestris* 'Mont Blanc' (E)	60 cm
Feng-Shui-Element: Wasser • flach ausgebreiteter, nach unten rankender Wuchs • wellige Blätter • Blütenfarben: Blautöne, Violett	
Veilchen *Viola labradorica* 'Purpurea' (S)	5 cm
Blaukissen *Aubrieta*-Hybride 'Cobalt Violet' oder 'Carnival' (S)	10 cm
Hängepolsterglocke *Campanula poscharskyana* (S)	10 – 15 cm
Kissenaster *Aster dumosus* 'Professor A. Kippenberg' (S)	30 cm
Ehrenpreis *Veronica prostrata* (S)	30 cm
Männertreu *Lobelia erinus* 'Sapphire' (E)	20 cm
Vergißmeinicht *Myosotis*-Hybride 'Blue Ball' (E)	20 cm

(S): Staude, ausdauernd • (E): Ein- oder zweijährige Sommerblumen

Pflanze (deutscher und botanischer Name)	**Erforderliche Wassertiefe**	**Merkmale und Besonderheiten**	**Zugeordnetes Feng-Shui-Element**
Wasserquirl *Hydrilla verticillata*	ab 30 cm	U; fein gefiederte Blätter; bevorzugt saure Gewässer	üppig wachsend, grün, im Wasser liegend: Wasser
Wasserpest *Elodea canadensis*	50 cm	U; unscheinbare Blüte; wintergrün; stark wuchernd	wuchernd, grün, im Wasser liegend: Wasser
Wasserhahnenfuß *Ranunculus aquatilis*	50 – 60 cm	U; weiße Blüten oberhalb der Wasseroberfläche, Blütezeit V-VI	runde Blüten und Blütenblätter, weiß: Metall
Gewöhnliche Wasserlinse *Lemna minor*	ab 30 cm	F; winzig, jedoch stark wuchernd	wuchernd, grün, auf dem Wasser schwimmend: Wasser
Froschbiß *Hydrocharis morsus-ranae*	ca. 50 cm	F; seerosenähnliche Blätter; weiße, schalenförmige Blüten; benötigt kalkarmes Wasser	Blatt- und Blütenform, weiße Farbe: Metall
Wassernuß *Trapa natans*	60 – 80 cm	F; einjährig, sät sich selbst aus; Früchte eßbar; rote Herbstfärbung; benötigt kalkarmes Wasser	rautenförmige Blätter, vierstachelige Früchte, Herbstfärbung: Feuer
Krebsschere *Stratiotes aloides*	80 cm	F; rosettiger Wuchs; kleine, schalenförmige, weiße Blüten (V-VI); überwintert am Gewässergrund	schwertähnliche, gezähnte, stachelige Blätter: Feuer
Seerosen *Nymphaea*-Arten und -Sorten	10 – 200 cm	B; verschiedene Arten und Sorten für unterschiedliche Wassertiefen erhältlich; Blüten weiß, apricot, gelblich, rosa oder rot (VI-IX); braucht Sonne	rundliche Blätter, runde Blütenform: Metall
Gelbe Teichrose *Nuphar lutea*	100 – 250 cm	B; kugelige, gelbe, duftende Blüten (VI-IX); verträgt schattigen Standort	dottergelbe Blüten: Erde rundliche Blätter und Blüten: Metall
Pfeilkraut *Sagittaria sagittifolia*	30 – 40 cm	UF; Wuchshöhe 60-80 cm; pfeilförmige Blätter; kleine, weiße Blüten (VI-VIII)	pfeilförmiges Blätter: Feuer
Rohrkolben *Typha*-Arten	10 – 30 cm	UF; Wuchshöhe 60-200 cm, je nach Art; dunkelbraune Fruchtkolben (VII-X), die getrocknet werden können	grasartiger Wuchs: Holz
Sumpfdotterblume *Caltha palustris*	0 – 40 cm	UF; Wuchshöhe 10-30 cm; goldgelbe, kleine Schalenblüten (IV-V); verschiedene Sorten, auch gefüllte	goldgelbe Blüten: Erde
Sumpfschwertlilie *Iris pseudacorus*	0 – 40 cm	UF; Wuchshöhe 80-130 cm; schmale Blätter, gelbliche Blüten (V-VII); viele Sorten erhältlich; neigt zum Wuchern	grasartige, aufstrebende Blätter: Holz
Froschlöffel *Alisma plantago-aquatica*	0 – 40 cm	UF; Wuchshöhe 50-150 cm; weiß-rosa Blütenstände mit vielen Einzelblüten (VI-X)	aufstrebender, üppiger Wuchs: Holz rundliche, weiße Blüten: Metall
Blutweiderich *Lythrum salicaria*	0 – 40 cm	UF; Wuchshöhe 50-100 cm; rötlich-lila Blüten (VI-IX)	rötliche Blüten: Feuer
Amerikanische Sumpfiris *Iris versicolor*	0 – 20 cm	UF; Wuchshöhe etwa 60 cm; Blüten hell- bis dunkelviolett (VI-VII)	grasartiger Wuchs: Holz blaue Blütenfarbe: Wasser
Gauklerblume *Mimulus luteus*	0 – 10 cm	UF; Wuchshöhe 20-30 cm; leuchtend gelbe Blüten (VI-IX), Dauerblüher	gelbe Blüten: Erde
Sumpfvergißmeinnicht *Myosotis palustris*	feuchter Boden	UF; Wuchshöhe 20-30 cm; kleine, himmelblaue Blüten (V-VIII)	blaue Blüten: Wasser

U: Unterwasserpflanze • F: Freischwimmende Pflanze • B: Bodenwurzelnde Schwimmblattpflanze • UF: Uferpflanze • Die Monate der Blütezeit sind in römischen Ziffern angegeben.

Sträucher

Sträucher sind die kleineren Brüder und Schwestern der Bäume. Zusammen mit diesen bilden sie das gestalterische Grundgerüst eines jeden Gartens. Ihr Spektrum reicht von einigen Meter hoch wachsenden Großsträuchern bis zu Zwergsträuchern, die sich flach über den Boden ausstrecken. Einzeln oder in Gruppen gepflanzt, können Sträucher das Bild des Gartens sehr stark prägen. Für ihre Zuordnung zu Yin und Yang bzw. den verschiedenen Elementen gilt sinngemäß dasselbe wie bei Bäumen. Eine Auswahl an unterschiedlich großen Sträuchern einschließlich ihrer Feng-Shui-Kriterien finden Sie in der Tabelle auf Seite 67.

Heimische Sträucher wie der golden verfärbte Hartriegel verleihen jedem Garten Struktur.

Insbesondere zur Unterteilung des Grundstücks in einzelne Gartenräume sowie zur Abgrenzung des Gartens nach außen hin sind Sträucher beinahe unverzichtbar. Sofern sie als freiwachsende Hecke im Randbereich des Gartens eingesetzt werden, sollte, wie erwähnt, heimischen Arten der Vorzug gegeben werden (siehe hierzu Tabelle Seite 56). Achten Sie bei der Abschirmung des Gartens gegen die Umgebung darauf, daß die verwendeten Gehölze auf der Tigerseite des Gartens niedriger bleiben als diejenigen auf der Drachenseite. Mit der Einhaltung dieser alten Feng-Shui-Regel können Sie das Energiepotential des Gartens positiv beeinflussen.

Weil Sträucher bei den Chinesen nicht so große Verehrung als Individuen erfahren wie die Bäume, wird es im Feng Shui nicht gleich als Sakrileg betrachtet, ihnen einen Formschnitt zu verpassen. Etliche Arten eignen sich recht gut dafür, allen voran der immergrüne Buchs *(Buxus sempervirens)*. Mit der Heckenschere zu einer präzisen Gestalt modelliert, wirkt er überaus diszipliniert und ordentlich, sei es als dichte Hecke, die ihrer Form nach an eine Mauer erinnert, sei es als freistehende Kugel, als spitzer Kegel oder eine andere Figur. Doch sollten derartige strenge, sorgfältig getrimmte Strauchformen immer nur dann Verwendung finden, wenn sie zum Stil des übrigen Gartens und vor allem auch zum Charakter seiner Bewohner passen.

Nach der Lehre des Feng Shui sind die besten Pflanzen für den Garten diejenigen, die ein üppiges Blattwerk sowie reichlich Blüten und dann Früchte tragen und zudem noch besonders langlebig sind. Solche Pflanzen symbolisieren Wohlergehen und ein langes Leben. Man pflanzt sie vorzugsweise nahe beim Haus, damit sich ihre positive Wirkung auf dieses und seine Bewohner erstrecke. Insbesondere Ziersträucher erfüllen die genannten Kriterien. Ihr im Jahreslauf unterschiedliches Bild macht sie zusätzlich attraktiv. Der frische Austrieb, die Blüte, das Heranreifen der Früchte und schließlich die Herbstfärbung lassen sie niemals langweilig erscheinen. Wer einen solchen Verwandlungskünstler gleich vor dem Fenster stehen hat, wird auch vom Haus aus gern in den Garten schauen.

Kletterpflanzen

Eine besondere Gruppe innerhalb der Sträucher sind die Kletterpflanzen (siehe Tabelle Seite 68), die zur Fassadenbegrünung oder als Schmuck von Gartenmauern, Pergolen oder Lauben eingesetzt werden können. Sie brauchen eine Unterlage, an der sie in die Höhe wachsen können. Die einen bewerkstelligen dies mit Hilfe von Haftwurzeln oder anderen Haftorganen, andere schlingen oder ranken sich um stabile Kletterhilfen herum.

Die attraktive Clematis zählt mit ihren vielen Arten und Sorten zu den schönsten Kletterpflanzen.

Bei der Beurteilung von Kletterpflanzen an Hauswänden sind Feng-Shui-Experten eher zwiespältig. Das Haus gleicht für sie einem Körper, wobei die Fassade der Haut entspricht. Sind die Hauswände dicht mit Kletterpflanzen bewachsen, befürchten sie, das Gebäude – und mit ihm seine Bewohner – können nicht mehr frei atmen. Andererseits vermögen die Pflanzen wie ein grüner Pullover zu wirken, der das Haus vor Wind und Wetter schützt.

Wie stets im Feng Shui gibt es auch auf die Frage „Fassadenbegrünung ja oder nein?" keine einfache Standardantwort. Vielmehr muß jeder Fall für sich betrachtet werden. Bei einem Gebäude etwa, das eine große, trist wirkende Wandfläche ohne Fenster aufweist, ist eine Kletterpflanze zu empfehlen. Sie bringt nicht nur Farbe, sondern zusätzlich Leben und damit gutes Feng Shui mit sich. Wenn dagegen ein kleines Häuschen vollständig von Efeu überwuchert ist, so daß die Fenster nur noch als dunkle Löcher erkennbar sind, entsteht tatsächlich der Eindruck, als würde das Häuschen gleich ersticken. Hier ist es ratsam, dem Haus mehr „Luft" zu geben, indem man die Begrünung zumindest auf Teilflächen der Fassade beschränkt.

Rauhreif verleiht der winterlichen Staudenrabatte einen ganz eigenen Reiz.

Als unproblematisch ist dagegen die Begrünung von Gebäuden zu sehen, die nicht als Wohnhaus dienen, etwa Garagen oder Schuppen, ebenso von Gartenmauern, Brandschutzmauern und anderen Baulichkeiten. Die Kombination von kaltem, leblosem Stein und energiereicher, lebender Pflanze kann hier in jedem Fall nur positiv wirken.

Stauden und Sommerblumen

Bäume und Sträucher, das Grundgerüst der Gartenbepflanzung, fügen sich mit grünenden und blühenden Stauden, mit bunten Sommerblumen und üppigen Gräsern zu einem harmonischen Bild, wie es die Natur vorgibt. Schöne Blumen gehören zu einem Feng-Shui-Garten wie der Turm zur Kirche, verkörpern sie doch in besonders augenfälliger Weise die Vielfalt der Natur und bringen mit ihrer Farbenpracht überdies den Menschen soviel Freude wie kein anderes Gartenelement. Durch die große Bandbreite der Blatt- und Blütenformen und -farben lassen sie dem Feng-Shui-Gärtner außerdem einen weiten Gestaltungsspielraum.

In dem sattgelben Sonnenhut spiegelt sich die Wärme des Sommers wider.

Wie schon die Gehölze lassen sich auch die Stauden und Sommerblumen (siehe Tabelle Seite 69) aufgrund ihrer äußeren Merkmale den verschiedenen Elementen zuordnen. Die Wuchsform der Pflanze, die Gestalt ihrer Blätter sowie die Farbe der Blüten sind Kriterien, die man dafür heranziehen kann.

Für die Chinesen sind Bäume, Sträucher und Blumen nicht nur Symbol, sondern auch Quelle der Gefühle und Hoffnungen der Menschen.

Betrachten Sie die einzelnen Bereiche des Gartens mit kritischem Blick: Überwiegt irgendwo eines der Elemente unverhältnismäßig stark? Oder gibt es einen negativen Einfluß durch vorgegebene Strukturen, sei es von außen oder innerhalb des Gartens, der eines Ausgleichs bedarf? Haben Sie an irgendeiner Stelle das Gefühl, daß hier ganz einfach noch etwas fehlt? Stauden und Sommerblumen, die verhältnismäßig leicht und schnell zu pflanzen sind, leisten oft hervorragende Dienste bei unbefriedigenden Situationen.

Natürlich sind neben den Feng-Shui-Kriterien ebenso die rein gärtnerischen Aspekte zu beachten. Die schönste Ausgewogenheit und Harmonie in der Gartenplanung nützt nichts, wenn die ausgewählten Pflanzen an ihrem Bestimmungsort nicht gedeihen wollen. Beachten Sie daher unbedingt die Bedürfnisse der verschiedenen Gewächse bzw. suchen Sie solche Pflanzen aus, die mit den Standortbedingungen am für sie vorgesehenen Platz gut zurechtkommen. Studieren Sie beim Pflanzenkauf sorgfältig die Angaben auf den Etiketten oder befragen Sie einen Gärtner zur Standorteignung der verschiedenen Arten und Sorten. Um sich mit einem Fachmann kompetent unterhalten zu können, sollten Sie einige botanische Fachbegriffe zur Einteilung der Pflanzen kennen.

Stauden sind krautige, mehrjährige Pflanzen, deren Überwinterungsorgane unter der Erdoberfläche liegen. Ihre oberirdischen Teile sterben gewöhnlich am Ende einer Vegetationsperiode ab und treiben im nächsten Frühjahr wieder neu aus. Auch Farne, Gräser und Wasserpflanzen rechnet der Gärtner zu den Stauden.

Zwiebel- und Knollenpflanzen gehören botanisch gesehen ebenfalls zu den Stauden. Als Besonderheit entwickeln sie jedoch unter der Erde fleischig verdickte Speicherorgane, eben Zwiebeln oder Knollen. Aus diesen treiben die grünen Pflanzenteile aus. Bald nach der Blüte sterben sie ab und lassen wieder nur die unterirdischen Organe übrig, die bis zum nächsten Austrieb ruhen. Weil man Zwiebel- und Knollenpflanzen gewöhnlich nicht als komplette Pflanzen erwirbt, sondern in Form ihres Ruhestadiums als Zwiebel oder Knolle, werden sie in der Gartenpraxis als eigene Pflanzengruppe geführt.

Tulpen pflanzt man am besten nach Sorten getrennt in kleinen Gruppen. Sie gehören zu den farbenprächtigsten Frühlingsblühern.

Bekannt sind insbesondere die farbenfrohen Frühlingsblüher dieser Gruppe, etwa Krokusse, Tulpen oder Narzissen. Daneben gibt es auch etliche Zwiebel- oder Knollenpflanzen, die kräftige Farbakzente in den sommerlichen oder herbstlichen Garten setzen, etwa Gladiolen, Lilien und vor allem Dahlien.

Ein- und zweijährige Pflanzen sind krautige Gewächse, die nach einer bzw. nach der zweiten Vegetationsperiode ihre Samen ausstreuen und dann absterben. In der Gärtnersprache heißen sie meist schlicht „Sommerblumen". Die bunten Gesellen finden nicht nur in Pflanztrögen und -schalen Verwendung, auch Schmuckrabatten im Vorgarten lassen sich damit apart gestalten. Dank ihres breiten Farbspektrums eignen sie sich bestens dazu, in einem Gartenbereich „auf die schnelle" eine fehlende Farbe zu ergänzen.

Bei den zweijährigen Gewächsen ist zu beachten, daß sie im ersten Jahr nur grüne Pflanzenteile entwickeln und erst im zweiten Jahr zur Blüte kommen.

Bambus, das grüne Symbol Chinas

Bambus, zusammen mit dem Bambusbären oder Großen Panda der Inbegriff chinesischer Natur, bringt wie keine andere Pflanze fernöstliches Flair in den Garten. Trotz ihrer oft beachtlichen Ausmaße, die eher an Sträucher denken lassen, gehören die verschiedenen Bambusarten zu den Gräsern. Nach chinesischer Denkweise gelten sie als Sinnbild für Wachsen und Gedeihen – ebenso wie das Wasser, in welchem sie daher einen wesensgleichen Partner finden. Welch schöne Kombination, wenn sich ein üppig grüner Bambus in der stillen Wasserfläche eines Gartenteichs spiegelt! Die Chinesen verwenden im Garten übrigens gern hochwüchsigen, dickstämmigen Bambus, denn er macht den Lufthauch hörbar. Wenn nämlich die kräftigen, hohlen Bambusrohre im Wind aneinanderstoßen, entsteht ein eigenartiger, dumpfer Laut – ein Ton, der in keiner chinesischen Gartenanlage fehlen darf.

Zwar hat Bambus seine Hauptverbreitung in den Tropen und Subtropen, doch gibt es eine Reihe von Arten und Zuchtsorten, die ausreichend winterhart sind, um auch in unseren Breiten die kalte Jahreszeit ohne besonderen Schutz zu überstehen. Dazu gehört der nur etwa mannshoch wachsende Palmwedelbambus *(Sasa palmata)*

ebenso wie z.B. der Dunkel- und der Hellgrüne Schirmbambus *(Fargesia nitida* und *Fargesia murielae*) oder auch der Pfeilbambus *(Pseudosasa japonica)*, die alle 2 bis 3 m Höhe erreichen. Baumgroße Gewächse sind der Schwarzrohrbambus *(Phyllostachys nigra)*, der 4 bis 6 m, je nach Sorte sogar bis zu 9 m hoch wird, oder der Grünblaue Bambus *(Phyllostachys viridiglaucescens)*, der es auf 6 bis 9 m Wuchshöhe bringt. Dagegen bleiben Buschbambus-Arten *(Pleioblastus*-Arten) mit nur 20 bis 40 cm Höhe die reinsten Zwerge. Auch letztere eignen sich aufgrund ihrer Frosthärte zur Auspflanzung in unseren Gärten.

Bambus plaziert man am besten als Solitäre an repräsentativen Stellen im Garten. In China gilt er als glücksbringende Pflanze und als Sinnbild für Ehrbarkeit, Anstand und Anpassungsfähigkeit.

Licht und Schatten

Das Sonnenlicht ist unsere größte Energiequelle, ohne die Leben auf dieser Erde nicht möglich wäre. Kein Wunder also, daß es unser aller Leben in entscheidender Weise prägt. Auch Pflanzen sind in ihrer Existenz unmittelbar vom Licht abhängig. Die artspezifischen

„Ist eine Halle zu groß, so ist sie zu schattig, ist eine Terrasse zu hoch, so ist sie zu sonnig. Hat man zu viel Schatten, bekommt man Rheumatismus, hat man zu viel Sonne, so wird man gelähmt. Das sind die Übel, die daher kommen, wenn Schatten und Sonne nicht das rechte Maß geben."
Lü Buwei

Bedürfnisse der verschiedenen Gewächse reichen von praller Sonne über milden Halbschatten bis zu kühler Schattenlage. Für den Gärtner versteht es sich von selbst, daß er den jeweiligen Ansprüchen gerecht werden muß, damit sich die Pflanzen prächtig entwickeln können.

Doch nicht nur für Pflanzen, auch für den Menschen hat das Wechselspiel von Licht und Schatten eine große Bedeutung. Sonne und Schatten entsprechen Yin und Yang. Im richtigen Verhältnis zueinander sorgen sie für einen harmonischen Ausgleich. In einem Feng-Shui-Garten sollte daher beides, sonnige wie schattige Plätze, vorhanden sein. Je nach Umgebung, nach eigener Veranlagung, Ansprüchen und Wünschen kann das eine oder das andere überwiegen und dadurch das Feng Shui des Umfelds ausgleichen.

Wenn es irgendwie möglich ist, sollten Sie im Garten Bereiche schaffen, wo Sie insbesondere in der kalten, dunklen Jahreszeit den Sonnenschein genießen können. Das kann z. B. ein windgeschützter Sitzplatz auf einer nach Süden weisenden Terrasse oder eine verglaste Pergola sein. Und ebenso wünschenswert sind schattige Gartenplätze, in die man sich bei hochsommerlicher Hitze zurückziehen kann.

Licht und Schatten entsprechen den beiden gegensätzlichen Polen Yin und Yang, zwischen denen sich alles Leben auf der Erde abspielt.

Farbe im Garten

Was wir als Farben bezeichnen, ist nichts anderes als Licht unterschiedlicher Wellenlängenbereiche. Und aus dem Physikunterricht wissen wir, daß der einfache Zusammenhang gilt: Je kürzer die Wellenlängen, desto energiereicher ist das Licht.

Die verschiedenen Farben haben also einen unterschiedlich hohen Energiegehalt. Aufgrund dessen üben sie unterschiedliche Wirkungen auf uns aus, und zwar nicht nur auf der physischen, sondern auch auf der psychischen Ebene. Es ist lange bekannt, daß Farben Stoffwechsel oder Nerventätigkeit ebenso zu beeinflussen vermögen wie die Stimmung und Laune.

Während moderne Physiker von Lichtquanten, Spektralbereich und elektromagnetischer Schwingung reden, sprachen die alten Chinesen einfach vom Energiestrom Ch'i. Daß Farben eine wichtige Rolle spielen für die Qualität des Ch'i und damit für dessen Wirkung auf uns Menschen, wußten sie längst.

Was den Garten anbelangt, herrschen dort naturgemäß zwei Farbbereiche vor: zum einen die verschiedenen Grüntöne der Pflanzen, zum andern die Grau-, Braun- und Gelbtöne der Erde, Steine, Mauern und Beläge. Daneben bringen vor allem die Blüten sowie ausgewählte Gartenaccessoires weitere Farben ins Spiel.

In den Augen der Chinesen hat die Farbe Rot „männliche" Schwingungsenergien und wird daher dem Yang zugeordnet, während Blau eine Yin-Farbe mit „weiblichen" Schwingungsenergien ist. Gelb steht fur das Element Erde und damit für den Übergang zwischen Yin und Yang. Deshalb wohl empfinden wir es gleichermaßen als kraftvoll wie ausgewogen. Grün schließlich ist eine vermittelnde Farbe, die in jeder Hinsicht Ausgleich schafft. Es ist die Farbe zwischen Licht (Gelb) und Dunkelheit (Blau). Womöglich wirkt sie gerade deshalb so harmonisch und beruhigend auf uns.

Wenn es um die Wahl der Farben für den Feng-Shui-Garten geht, sollten Sie sich an chinesischen Gärten orientieren, auch wenn Sie nicht vorhaben, einen solchen in Reinform anzulegen. Unsere Gärten fallen oft durch eine fröhliche Buntheit auf, wobei aber die Farbenpracht eher ungeordnet und verwirrend wirkt. Weder Auge noch Geist können darin Ruhe finden. Ein wirklich gutes Feng Shui kommt so nicht zustande.

In dem harmonischen Gartenensemble werden die blauen, rosa und violetten Farbtöne durch weiße Blüten zum Leuchten gebracht.

Chinesische Gartengestalter dagegen sind sehr zurückhaltend in der Auswahl von Pflanzenarten, Wuchsformen und Blütenfarben. Sie sind bestrebt, sich an die Farbtöne der Umgebung zu halten, und komponieren die natürlichen Farben von Erde, Gestein und Vegetation zu einem ästhetischen Bild. Ein chinesischer Garten zeigt keine Regenbogenfarben und verzichtet auf prunkvolle Effekte, die die Natur zu übertönen suchen.

Wer seinem Garten gutes Feng Shui verleihen will, braucht aber keineswegs auf Farbe zu verzichten. Sie sollten die Farben aber ordnen. So läßt sich z. B. ein Staudenbeet ohne weiteres so konzipieren, daß es einen eindeutigen Farbschwerpunkt hat (der in der jahreszeitlichen Abfolge durchaus wechseln kann). Das bedeutet jedoch nicht, daß Sie Ihren Garten eintönig gestalten sollen. Im Gegenteil: Achten Sie darauf, in einem farblich einheitlich gehaltenen Gartenbereich stets einige Akzente durch Kontrastfarben zu setzen, damit das Bild eine spannungsvolle Note erhält. So machen sich etwa in einer Gruppe weißblühender Stauden einzelne blaue Akzente gut, seien es niedrige Glockenblumen oder hoher Rittersporn oder die schwebenden Blüten von Akeleien.

Am besten lassen Sie diejenigen Farben in Ihrem Garten überwiegen, die Ihnen persönlich gut gefallen. Achten Sie aber darauf, wie die unterschiedlichen Tönungen auf die Stimmung wirken, und setzen Sie sie entsprechend in verschiedenen Gartenteilen ein. Blau z. B. ist eine kühle Farbe, die an Wasser erinnert. Sie beruhigt bei Nervosität, wirkt entspannend und fördert eine träumerische, melancholische Stimmung. Blau verlangt aber nach Weite, in der Enge kann es bedrückend wirken. Setzen Sie es daher eher in freiere Gartenbereiche. Gelb andererseits, eine Farbe mit großer Leuchtkraft, spiegelt die Sonne wider und fördert Leichtigkeit und Fröhlichkeit. Es wirkt anregend und schenkt neue Energie. Gelb ist daher eine geeignete Farbe für einen Frühlingsgarten oder für die Umgebung von Spielflächen.

Duftpflanzen

In einem Garten kann man die Natur nicht nur mit den Augen, sondern mit sämtlichen Sinnen wahrnehmen. Neben den Farben der Blumen sind es vor allem die zarten Düfte der Blüten und die würzigen Aromen der Kräuter, die unsere Stimmung beeinflussen und uns Freude und Genuß bescheren.

Die zarten Düfte der Magnolienblüten lassen Frühjahrsstimmung aufkommen.

Gleich dem Ch'i verweilen die Pflanzendüfte aber nicht nur im Garten, sondern dringen durch Türen und Fenster auch ins Haus. Besonders gut kommen Duftpflanzen daher zur Wirkung, wenn sie neben der Haustür oder unter einem Wohnraumfenster plaziert werden. Im Garten setzt man sie vorzugsweise in die Nähe eines Sitzplatzes, von dem aus man ihr zartes Aroma dann in Muße genießen kann. Manche Arten entfalten ihren Duft erst so richtig in den Stunden der Dämmerung oder gar nachts. Diese kommen „Nachtschwärmern" unter den Gartenbenutzern besonders entgegen.

Bei entsprechender Pflanzenwahl brauchen Sie zu keiner Jahreszeit auf Ihr Dufterlebnis verzichten.

Im Frühjahr verbreiten beispielsweise folgende Gehölze ihren Duft: Magnolien *(Magnolia-*Arten*)*, Seidelbast (*Daphne-*Arten*)*, Felsenbirne *(Amelanchier-*Arten*)*, Duftschneeball *(Viburnum* x *carlcephalum)*, Ginster *(Cytisus battandieri)*, Flieder *(Syringa)*, Goldlack *(Cheiranthus cheiri)* und Blauregen *(Wisteria sinensis)*. Dazu mischen sich die Aromen von Stauden wie z. B. Felsen-Steinkraut

(Alyssum saxatile), Maiglöckchen *(Convallaria majalis)*, Waldmeister *(Galium odoratum)* oder Duftveilchen *(Viola odorata)*.

Im Sommer verströmen unter den Gehölzen u.a. Duftrosen *(Rosa-*Arten und -Sorten), Sommerflieder *(Buddleja alternifolia)* und Holunder *(Sambucus nigra)* ihren Duft, unter den Stauden z.B. Lilien *(Lilium candidum* und *Lilium pumilum)*, Lavendel *(Lavandula angustifolia)*, Vanilleblume *(Heliotropium arborescens)*, Duftsteinrich *(Lobularia maritima)* und Gartennelken *(Dianthus caryophyllus)*.

Im Herbst folgen ihnen z.B. die Japanische Blütenkirsche *(Prunus subhirtella)*, unter den Stauden die Herbstchrysanthemen *(Chrysanthemum-Indicum*-Hybriden) und der Ziertabak *(Nicotiana alata* und *Nicotiana sylvestris)* als Quelle von Wohlgeruch.

Im Winter schließlich sorgen z.B. Duftschneeball *(Viburnum farreri)* und Zaubernuß *(Hamamelis*-Arten*)* für duftende Strauchblüten.

Auch Würz- und Heilkräuter sollten in keinem Feng-Shui-Garten fehlen. Neben ihrer praktischen Verwendung in Küche und Krankenpflege verströmen sie ein überaus angenehmes Aroma, das anregend oder beruhigend wirken kann. Der beste Platz für ein Kräuterbeet liegt zur Südseite des Gartens hin, vorzugsweise an einer sonnigen Stelle, wo sich die Düfte besonders intensiv entwickeln.

Viele Rosenarten und -sorten verströmen im Sommer einen betörenden Duft.

Die Pflege des Gartens

Ein Garten gleicht einem lebendigen Wesen und ist deshalb nie fertig. Bedingt durch das Wachstum der Pflanzen und den natürlichen Jahresrhythmus verlangt er nach ständiger Pflege. Entfernen Sie regelmäßig alles Abgestorbene und Dürre. Beachten Sie dabei, daß manche Gehölze und Stauden im Herbst, andere besser im Frühjahr zurückgeschnitten werden.

Halten Sie zudem Ihr Augenmerk darauf, ob die Pflanzen an dem ihnen zugewiesenen Standort gut wachsen oder ob sie eher jämmerlich aussehen. Ist letzteres der Fall, sollten Sie umgehend dem Grund dafür nachgehen und Abhilfe schaffen. Nichts zieht Sha stärker an als dahinkümmernde Pflanzen. Schlagen Sie in der Fachliteratur nach oder fragen Sie einen Experten, wie den Gewächsen – und damit indirekt auch Ihnen – zu helfen ist.

Ein Garten mit gesunden, üppig wachsenden Pflanzen hat ein hohes Ch'i-Potential, welches er auf seine Umgebung aussendet.

Einen solchen Teppich aus Azaleen sollte man möglichst lange liegen lassen

Davon können Sie profitieren. Ein ungepflegter Garten dagegen bewirkt eher das Gegenteil.

Gepflegt heißt im Feng Shui jedoch nicht, daß im Garten unentwegt „Unkraut", Moos in den Belagritzen oder Fallaub entfernt werden muß. Ein Garten lebt und soll dies auch ausstrahlen. Wie reizvoll ist der wildromantische Charme eines Naturgartens! Und doch besteht zwischen einem Naturgarten und einem verwahrlosten Garten ein gewaltiger Unterschied.

Orte, an denen sich Staub oder altes Laub und Moder ablagern, haben wenig Ch'i. Das bedeutet aber keineswegs, daß alles Laub vom Boden entfernt werden muß. Schließlich bietet ein Laubhaufen so manchen Tieren, die für das ökologische Gleichgewicht im Garten nützlich sind, einen willkommenen Lebensraum. Es ist jedoch darauf zu achten, daß er sich nicht direkt neben einem Sitzplatz oder dem Eingang befindet, wo man ihn ständig im Blickfeld hat. Ein Laub- oder Reisighaufen in einem abgelegenen Winkel des Gartens stört dagegen keineswegs. Und ein Igel wird sich darüber freuen.

Sanft geschwungene Wege im Garten fördern den Ch'i-Fluß und lassen keine bösen Geister in Grundstück und Haus eindringen.

Gartenwege, Pfade zum Glück

Der Mensch geht auf Straßen und Wegen, durch Stadt und Land, er „geht" aber auch durch Gespräche oder durch Bücher, gewissermaßen durch geistige Landschaften. In diesem Sinne läßt sich alles, was sich im Raum und in der Zeit abspielt, auch als Weg auffassen. So wird der Weg zum Synonym für das Leben schlechthin. In der chinesischen Philosophie findet man oft das Tao (siehe Seite 9) als „Weg des Universums" bezeichnet. Und in den chinesischen Gärten mit ihrer ausgeprägten Symbolhaftigkeit wird die Vielgestaltigkeit dieses Wegs dargestellt durch die Gartenwege.

Gewöhnlich gibt es verschiedene Möglichkeiten, um von hier nach dort zu gelangen: den geraden Weg, der immer auch der kürzeste und direkteste ist, oder einen längeren Weg, der auf den ersten Blick ungünstiger, da mit Umwegen verbunden, aber dennoch oft schöner, interessanter und daher klüger ist. Nach chinesischer Ansicht ist die zweite Variante unbedingt vorzuziehen, und so finden sich in einem Feng-Shui-Garten hauptsächlich gebogene und geschwungene Wegverläufe. Die Gerade als kürzeste Verbindung zwischen zwei Punkten ist in China nicht üblich, weder im Gestalterischen noch im Denken, weder im Beruf noch in den zwischenmenschlichen Beziehungen. Einen gewundenen Weg mit Muße zu gehen eröffnet immer neue Perspektiven und Blickwinkel. In der realen Welt bedeutet dies ein interessantes, oft von Überraschungen geprägtes Erlebnis, im übertragenen Sinn stellt es eine überaus kluge Art zu leben dar.

Es gibt aber noch einen zweiten Grund, warum die Wege im Feng-Shui-Garten niemals geradlinig verlaufen: Die bösen Geister, so glaubt man, bewegen sich nur geradlinig. Auf geraden Wegen hätten sie freie Bahn, ins Innere des Gartens und ins Haus zu gelangen. Wem der Geisterglaube jedoch zu fremdartig ist, der spricht statt dessen lieber von der negativen Energie Sha. Diese bewegt sich vorzugsweise auf pfeilgeraden Bahnen. Wege, die wie bedrohliche Pfeile auf ihr Ziel, etwa die Haustür, zuschießen, sind daher tunlichst zu vermeiden.

„Mensch sein heißt unterwegs sein. Seinen Lebensweg gehen. Ein Ziel haben."
Ruth Rau

Sanft geschwungene, sich dahinschlängelnde Wege fördern hingegen den Ch'i-Fluß im Garten. Zudem symbolisieren sie für die Chinesen ein langes Leben. So kommen sie eher der eigentlichen Bestimmung des Gartens entgegen, der doch Erholung, Entspannung und Abwechslung bieten soll. Beim Schlendern entlang eines schön geschwungenen Gartenwegs entsteht sogar noch im kleinsten Garten der Eindruck, immer wieder etwas Neues entdecken zu können. Und schließlich entspricht ein mäandrierender Verlauf auch der Form, wie sie die Natur mit Flüssen, Uferlinien, Wildwechseln und anderen Landschaftsstrukturen vorgibt.

Ein Weg wird zum einen durch das Material geprägt, aus dem er gemacht ist, zum andern aber auch durch alles, was ihn begleitet, einschließlich dadurch, welche Blicke er zuläßt und wo er endet. Sorgen Sie deshalb dafür, daß zumindest auf vielbegangenen Wegen keine Äste stören. Eine wegbegleitende Bepflanzung aus Bäumen und Sträuchern in verschiedenen Größen und in ausgewogener Zusammenstellung macht den Weg interessant und steigert das Ch'i. Geschickt angeordnet, geben sie dem Gehenden das Gefühl, regelrecht geführt zu werden.

Legen Sie den Weg möglichst nicht durch die Mitte des Gartens. Das Zentrum sollte im Feng-Shui-Garten stets frei bleiben, damit sich dort Ch'i ansammeln kann. Über einen Weg würde die Energie von dort gleich wieder weiterfließen. Besser ist es, Wege durch die seitlichen Bereiche des Gartens zu führen, wobei Feng-Shui-Experten empfehlen, die Hauptwege vorzugsweise im westlichen Teil des Gartenareals verlaufen zu lassen.

Bequem und sicher auf allen Wegen

Achten Sie auf eine angemessene Breite der Wege. Es macht dabei natürlich einen Unterschied, ob es sich um den Eingangsweg zum Haus oder um einen Pfad zum Gemüsebeet handelt. Der Zugang zum Gebäude sollte 1,5 bis 2 m breit sein, damit ihn mehrere Personen nebeneinander begehen können oder ein Kinderwagen bequem darüber zu schieben ist. Und sorgen Sie dafür, daß der Weg nicht zum dauerhaften Abstellplatz für Fahrräder, Inline-scates oder Kinderspielzeug wird.

Wege, die hintere Gartenteile erschließen, sollten sich in der Breite in erster Linie den Proportionen des jeweiligen Gartens anpassen. Während in einer großzügigen Gartenanlage schmale Trampelpfade fehl am Platz wirken, nehmen umgekehrt allzu breite Wege einem

Wege im Garten können äußerst dekorativ und zugleich bequem sein.

kleinen Garten viel von seiner Intimität, ganz zu schweigen davon, daß unnötig viel Bodenfläche des Gartens versiegelt wird.

Besonderes Augenmerk ist auf die allgemeine Sicherheit sämtlicher Wege zu richten. Der Hauptweg zwischen Garten- und Haustür muß immer, d. h. auch nachts, gefahrlos zu begehen sein, mit anderen Worten, er braucht eine ausreichende Beleuchtung (siehe Seite 114 f.). Auf den Wegen dürfen sich nirgendwo Stolperschwellen befinden, und es ist auf ausreichende Rutschfestigkeit zu achten. Holzbeläge etwa können bei Nässe oder Reif sehr rutschig werden und eignen sich daher nicht für den Eingangsbereich.

Ein hauptsächlicher Zweck von Wegen besteht darin, den Garten begehen zu können, ohne schmutzige oder nasse Füße zu bekommen. Wichtige Voraussetzungen für einen sauberen, trockenen Pfad sind eine ausreichende Wasserdurchlässigkeit des Belags sowie ein zumindest leichtes Gefälle des Wegs.

Schmale Durchgänge

Beim Gang durch den Garten sollte man seine Aufmerksamkeit dessen Schönheit schenken können, anstatt auf die eigenen Schritte achten zu müssen.

Auf vielen Grundstücken verläuft bei einem engen Durchgang zwischen zwei Gebäuden oder Gebäudeteilen, z. B. zwischen Haus und Garage, der Weg zwangsweise gerade. Mit etwas Geschick lassen sich aber auch schmale Gartenräume so verändern, daß sie eine durchaus positive Ausstrahlung haben. Versuchen Sie einfach, durch verschiedene gestalterische Mittel den Blick des Gehenden rhythmisch von einer Seite zur anderen zu lenken. Das erweckt den Eindruck von Weite, und der Durchgang wirkt größer als er tatsächlich ist. Lassen Sie Kletterpflanzen an der Wand emporwachsen oder schmücken Sie die Wände mit Spalieren, Skulpturen, Reliefs oder Mosaiken. Pflanztröge, abwechselnd rechts und links am Weg aufgestellt, lenken die Aufmerksamkeit in der gewünschten Weise. Nachts übernehmen geschickt plazierte Lampen die Blickführung.

Wenn die Breite des Wegs es zuläßt, können begleitende Stauden oder Zwerggehölze, die mal von der einen, dann wieder von der anderen Seite in den Weg hineinwachsen, den Gehenden zu einer Abweichung von der geraden Linie zwingen. So entsteht gewissermaßen ein geschwungener Pfad auf einem geraden Weg.

Bei der Auswahl der Pflanzen muß man allerdings die speziellen Standortbedingungen besonders gut beachten. In einem Durchgang ist es gewöhnlich nicht nur schattig, sondern auch zugig. Nur widerstandsfähige Pflanzenarten gedeihen unter diesen Verhältnissen gut. Geeignete windfeste und zugleich schattenverträgliche Gewächse sind z.B. Feuerdorn-Sorten (*Pyracantha*-Sorten) oder die Säuleneibe (*Taxus baccata* 'Fastigiata'), beide immergrün, sowie unter den Kletterpflanzen Efeu *(Hedera helix)*, Kletterhortensie *(Hydrangea petiolaris)*, Strahlenfrucht *(Actinidia arguta)* oder Wilder Wein *(Parthenocissus quinquefolia)*.

Wegbeläge, Vielfalt in Stein

Auf dieses hübsche Kiespflaster zeichnet der Schattenwurf von Bambus ein zusätzliches Muster.

Ausschlaggebend für den Charakter eines Wegs ist vor allem das Material, aus dem er gelegt ist. Ob nun Kies, Holzpflaster, Natursteinplatten oder Klinker, wählen Sie das Material passend zum übrigen Garten aus. Die im Handel angebotenen Betonplatten und Betonformsteine für die Befestigung von Wegen haben im öffentlichen Straßenraum sowie auf Gewerbeflächen durchaus ihre Berechtigung, eignen sich aber nicht für einen Feng-Shui-Garten.

Natursteinbeläge gibt es in einer Vielzahl von Farben und Formen, und allesamt harmonieren sie wunderschön mit dem Grün des Gartens. Wie selbstverständlich sich eine Beziehung zwischen Steinen und Pflanzen entwickelt, erkennt man daran, daß Moos und kleine Gräser, die sich in den Fugen ansiedeln, den Reiz des Belags nur noch steigern. Dem Anliegen, den Garten harmonisch in die Landschaft einzufügen, wird man am leichtesten gerecht, wenn man für die Wegbeläge Steinmaterial verwendet, das in der Gegend abgebaut wird. Auch Klinkerbeläge, wie sie in einigen Regionen verbreitet sind, kommen in eben diesen Gegenden in Frage. Unter Klinker versteht man hartgebrannte Vollziegel aus Tonerde, die in deren natürlichen Farben, von Gelb über Rot bis Dunkelbraun, erhältlich sind.

Erkundigen Sie sich beim Fachmann nach den jeweiligen Vorzügen und Nachteilen der verschiedenen Beläge und treffen Sie Ihre Wahl dann hauptsächlich nach ganz praktischen Kriterien. Holzpflaster sieht z.B. sehr reizvoll aus, wird aber, wie schon erwähnt, bei Nässe oder Reif gefährlich rutschig. Es ist daher nur für eine sonnige Terrasse oder einen lichten Gartensitzplatz geeignet, denn dort kann die Niederschlagsfeuchtigkeit rasch abtrocknen.

Bei der Wahl des Wegebelags spielt natürlich auch der Preis eine Rolle. Auch wenn es auf den ersten Blick so aussieht, als sei Betonpflaster günstiger als Natursteinbeläge, sollte man neben den Anschaffungskosten noch die Lebensdauer sowie die Wartung und Pflege der unterschiedlichen Beläge berücksichtigen. Natursteine können bei Änderungen im Garten gut wiederverwendet werden. Vor allem alte, gebrauchte Steine haben dank ihrer Patina einen ganz besonderen Reiz. Außerdem sind Natursteine wesentlich langlebiger als Betonsteine. Wird tatsächlich einmal eine Ecke abgeschlagen, fällt dies kaum auf. Kalkuliert man die Kosten für einen Zeitraum von mehr als zehn Jahren, macht sich Naturstein- oder Klinkerpflaster unter dem Strich in jedem Fall bezahlt.

Musterhafte Wegbeläge

Fischgrätenmuster aus Klinker

Generell sollte man für Gartenwege und -plätze durchgehend dasselbe Pflastermaterial verwenden, um dem Garten eine optische Einheit zu geben. Doch können Wege, die mit einer Kombination verschiedener Steinarten und -farben gestaltet sind, gleichfalls ihren Reiz haben – vorausgesetzt, die Komposition ist gelungen, ein An-spruch, der nicht leicht zu erfüllen ist. Indem man aber verschiedene Steingrößen ein und desselben Materials verwendet und diese zudem noch in mehrerlei Mustern verlegt, lassen sich Plätze und Wege im Garten hervorragend untergliedern. Zugleich werden sie damit, ganz im Sinne der chinesischen Gartengestaltung, zu einer wahren Augenweide.

Polygonale Natursteinplatten

In chinesischen Gärten wurde die Gestaltung der Pflasterflächen geradezu zur Kunst erhoben. Die Ornamente der Wege haben neben der praktischen und dekorativen Funktion auch stets einen symbolischen Inhalt. So bedeutet der Kreis den Himmel, das Quadrat die Erde, eine Kombination von beidem die Einheit des Kosmos. Ein aus ungleichmäßigen Dreiecken zusammengesetztes Muster, „Berstendes Eis" genannt, symbolisiert den Winter, während stilisierte Blüten den Frühling versinnbildlichen. Typischerweise werden in China für Bodenbeläge hartgebrannte keramische Teile sowie Kiesel oder kleine Pflastersteine verwendet. Ob geometrische Muster auf den Wegen oder kunstvolle Bildmotive in Innenhöfen oder auf Gartenplätzen, die Ornamentpflaster sind in der chinesi-

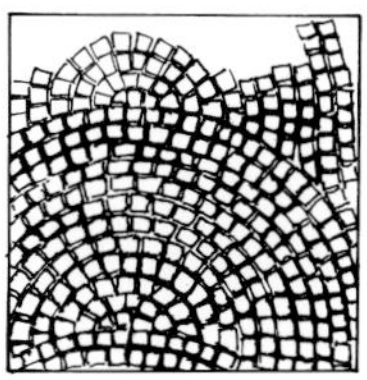

In Bögen verlegtes Natursteinpflaster

„**Die Kiesel zum Pflastern der Gartenwege sollten nicht größer sein als Granatapfelsamen. So werden die Wege schön und hart.**"
Aus dem „Yuan-Ye", einem Buch aus dem 17. Jh. über Gartenarchitektur

schen Gartenkunst häufig die kostbarsten Schmuckstücke der ganzen Anlage.

Wie wäre es also mit einem Ornamentpflaster auch in Ihrem Garten? Sie müssen ja nicht gleich den ganzen Gartenweg in ein steinernes Bilderbuch verwandeln. Ein dezentes Ornament auf einer Terrasse, ein kleines, mit Steinen „gemaltes" Bild an einer bestimmten Stelle des Wegs oder die Betonung einer Platzmitte verleihen dem Garten eine sehr persönliche Note und vermehren zugleich das Ch'i in ihm. Bei der Motivwahl können Sie sich an der chinesischen Symbolik orientieren oder nach Ihren persönlichen Vorlieben richten. Entwerfen Sie z. B. ein Bild oder Muster, das gleichsam als „Logo" für Ihren Garten oder für Sie selbst dient, und legen Sie es als steinernes Mosaik in Ihren Gartenweg. Mit einigem handwerklichem Geschick kann man dies ohne weiteres selbst bewerkstelligen (siehe unten).

Pflasterornamente selbst gemacht

Ein Pflastermosaik auf Gartenwegen oder Terrasse zieht unweigerlich alle Blicke magisch auf sich. Beim Herstellen kann sich die ganze Familie daran beteiligen, angefangen bei der Planung bis hin zur Ausführung.

• Fertigen Sie zunächst einen Entwurf des vorgesehenen Motivs oder Ornaments an. Achten Sie darauf, daß der Linienverlauf unkompliziert ist und sich das Bild aus einzelnen, abgeschlossenen Flächen zusammensetzt.

• Sammeln Sie geeignete Steine oder Scherben. Für das Mosaik selbst können Sie Porzellan- und farbig glasierte Keramikscherben verwenden, zerbrochene Dachziegel oder bunte Glasscherben mit geschliffenem Rand. Vielleicht überläßt Ihnen ein Fliesenleger seine Verschnittstücke. Auch Abbruchhäuser erweisen sich oft als ergiebige Materialquelle. Für die Einfassungen brauchen Sie größere Kiesel- oder Natursteine.

• Bereiten Sie einen Untergrund aus lagenweise verdichtetem Kies vor. Diese Schicht, die etwa 20 bis 25 cm dick sein sollte, sorgt für Frostsicherheit. Als Randeinfassungen des Pflasterornaments nehmen Sie schmale Kiesel- oder Natursteine, die hochkant in ein Fundament aus Beton gesetzt werden.

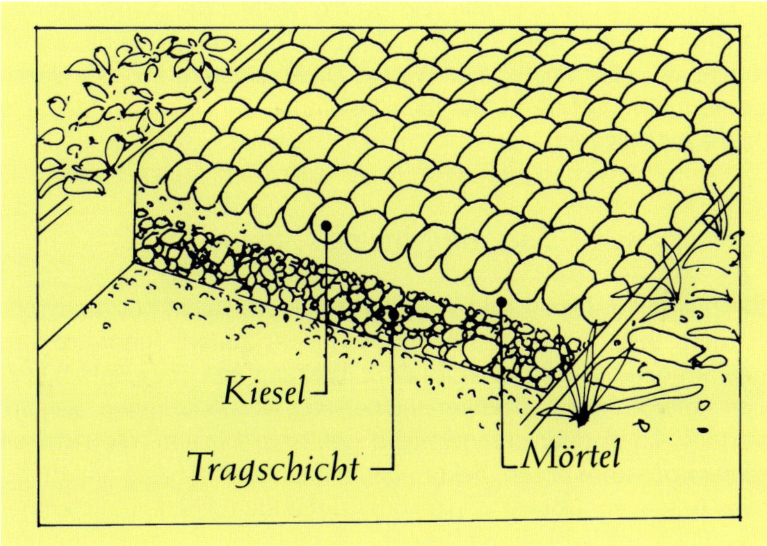

Schnitt durch einen Kieselpflasterweg: Über eine Tragschicht aus lagenweise verdichtetem Kies wird eine Schicht Mörtel aufgebracht. In diese drückt man die Kieselsteine und gestaltet ein Steinmosaik.

• Sind die Fundamente getrocknet, wird auf die vorgesehene Fläche eine etwa 3 cm dicke Ausgleichsschicht aus Sand aufgebracht und verdichtet. Prüfen Sie die Sandfläche mit Hilfe einer Latte und Wasserwaage auf ihre Ebenheit. Denken Sie dabei aber daran, zu einer Wegseite hin ein Gefälle von etwa 2 % anzulegen, damit später das Regenwasser gut abfließen kann und Frostschäden im Winter vermieden werden. Mischen Sie nun trockenen Sand und Zement im Verhältnis 3:1 und breiten Sie die Mischung gleichmäßig aus. Je nach Größe der vorgesehenen Mosaiksteine sollte diese letzte Schicht des Untergrunds 5 bis 7,5 cm dick sein.

• Danach legen Sie die Bildkonturen an mit Kieselsteinen von etwa 4 bis 6 cm Größe, und zwar so, daß nur sehr schmale Fugen entstehen. Dann füllen Sie die einzelnen Felder mit Kieselsteinen oder keramischen Scherben aus, die Sie eng an eng in die Zementmischung drücken. Besonders schön wirkt es, wenn sich die einzelnen Bildteile in Größe und Färbung der Steine unterscheiden und die Kiesel in unterschiedlichen Mustern (gerade oder gekrümmte Reihen, konzentrische Kreise, unregelmäßiges Mosaik u. a.) angeordnet werden. Achten Sie darauf, daß die Oberfläche des Pflasterbilds möglichst eben wird, indem Sie immer wieder Latte und Wasserwaage zu Hilfe nehmen.

• Kehren Sie zum Schluß ein wenig zusätzliche Sand-Zement-Mischung in die Fugen ein. Zu guter Letzt besprühen Sie das ganze Kunstwerk gleichmäßig mit Wasser. Dabei entsteht aus der Untergrundmischung Mörtel, der beim Abbinden die einzelnen Steine in ihrem Bett festhält.

Kies, ein Meer von Steinen

Durch die ruhige Kiesfläche wird das Gras optimal hervorgehoben.

Kies, Riesel und Splitt sind Wegmaterialien, die nicht nur preiswert, sondern auch einfach zu handhaben sind. Zudem fügen sie sich hervorragend in Gärten jeglicher Stilrichtung ein. Vor allem in kleinen Anlagen oder in kleinräumigen Gartenteilen haben sie ihre Vorteile. Enge oder unregelmäßig geformte Flächen, die sich nur schwer pflastern lassen, bekommen mit einem Kiesbelag ein attraktives Aussehen. Dunkle Winkel oder Gebäudenischen, in denen nur wenig wächst, wirken mit hellem Kies sauber und aufgeräumt und verlieren ihre Düsternis. Begrenzen Sie die Kiesflächen mit einer Kante aus einem Metallband, aus Ziegelsteinen oder einem anderen festen Material, damit die Steinchen bleiben, wo sie hingehören.
Ein klassischer Bestandteil fernöstlicher Gärten sind Kiesflächen, in die mit einem Rechen graphische Muster gezogen werden. Gewellte Linien symbolisieren dabei die Wellen des Meeres oder die Strömung eines Flußlaufs. Im eigenen Garten ist dies eine Möglichkeit, das Element Wasser ins Spiel zu bringen, ohne tatsächlich einen Gartenteich oder Bachlauf anzulegen. Verwenden Sie einen Kies-„Flußlauf" z. B. in der Bagua-Zone „Karriere", denn fließendes Wasser steht für ein stetes Vorankommen. Was den materiellen Wohlstand anbelangt, läßt sich in den geharkten Kiesflächen sogar eine kulturverbindende Symbolik erkennen: Während die Chinesen Reichtum vor allem im Wasser sehen, sprechen wir von „steinreich". Was läge daher näher, als die Zone „Reichtum" durch ein „Steinwasser" zu stärken.

Im Gegensatz zu Wellenlinien betonen konzentrische Kreise, etwa um einen Findling herum, das Element Erde. So können Sie mit gemusterten Kiesflächen für einen harmonischen Ausgleich sorgen, wenn es darum geht, die Fünf Elemente im Garten in ein Gleichgewicht zu bringen. Allerdings erfordern derartige Kiesmuster, so dekorativ sie sind, einen regelmäßigen Arbeitsaufwand, denn sie müssen immer wieder nachgezogen werden. Weniger zeitintensiv sind dagegen Kombinationen von Kies mit größeren Steinen bis hin zu Findlingen. Geschickt arrangiert können diese viel Spannung in eine Gartenszenerie bringen.

Treppen, Wege zwischen oben und unten

Neben einer Treppe aufgestellte Kübelpflanzen verhindern, daß das Ch'i abfließt.

In vielen Gärten sind beträchtliche Niveauunterschiede zu überwinden, sei es von der Haustür hinab zum Garten oder innerhalb des Gartens selbst. An solchen Stellen kommen Treppen zum Einsatz. In chinesischen Gärten allerdings wird, anders als bei uns, weitgehend auf Treppen verzichtet. Gartenwege verlaufen dort möglichst stufenlos auf und ab, sofern das Gelände nicht zu steil dafür ist. Wenn Treppen angelegt werden, wie es häufig bei Brücken der Fall ist, sind sie für unser Empfinden eher ungewohnlich gestaltet, sie haben zum Teil sogar unregelmäßige Stufen. Aus der Art und Weise, wie ein Gartenbesucher über eine für ihn ungewohnte Treppe schreitet, kann man nach Ansicht der Chinesen sogar auf seinen Lebensstil schließen.

Doch halten wir uns ruhig an die Gepflogenheiten unserer Kultur. Je nach Lage des Grundstücks sind Treppen für uns einfach nötig. Daher sollten Ihre Überlegungen nicht dahin gehen, wie Treppen zu vermeiden sind, sondern vielmehr dahin, wie man ihnen gutes Feng Shui verleihen kann.

Die Chinesen sagen, das Ch'i folge stets einer abwärtsführenden Treppe, mit anderen Worten, es fließt ab. Das läßt sich jedoch vermeiden, indem man ihm „Bremsen" in den Weg stellt. Dazu kann alles dienen, was den Blick auf sich zieht und hält, z. B. Kübelpflanzen, Skulpturen oder ein kunstvolles Geländer. Steinkugeln bringen ebenso wie Pflanzen mit rundlicher Wuchsform das Element Metall ein, das die durch die Trittflächen der steinernen Stufen bedingte Vorherrschaft des Elements Erde ausgleicht. Generell gilt, daß Pflanzen, die neben Treppen wachsen oder in Pflanzgefäßen auf den Stufen stehen, möglichst üppige Formen aufweisen sollten, um einen optischen Ausgleich zu schaffen zu den nüchtern-strengen Linien der Treppenstufen.

Im Garten kann man das Abwärtsfließen des Energiestroms aber auch dazu nutzen, einen Ch'i-Sammelplatz zu schaffen, an dem sich in Mußestunden hervorragend „auftanken" läßt. Ein abgesenkter Sitzplatz erfüllt diese Funktion in idealer Weise. In einer flachen Senke, die über einige Trittstufen zugänglich gemacht und mit niedrigen Sträuchern und Stauden umpflanzt ist, vermittelt ein solcher Sitzplatz ein starkes Gefühl der Geborgenheit. Sonnig und windgeschützt, abgeschirmt durch die Randbepflanzung, bietet er selbst an kühleren Tagen einen angenehmen Aufenthalt. Sein ohnehin schon hohes Potential an Ch'i wird durch eine Bepflanzung mit Duftpflanzen (siehe Seite 81 f.) noch gesteigert. In dem relativ abgeschlossenen Raum eines Senkgartens ist deren Aroma besonders intensiv wahrnehmbar und hüllt den Besucher in eine Aura von Sinnlichkeit und Genuß.

„Wir sollen uns wie die Kröte im Brunnen vor dem Glauben hüten, daß der Himmel nicht größer als die Brunnenöffnung sei. Verabscheue Einseitigkeit und betrachte alles von verschiedenen Seiten!"
Mao Tse-tung

Die umgekehrte Situation besteht in einem Hanggarten mit einer oben gelegenen Terrasse oder einem anderen Sitzplatz. Hier wird Ch'i, seiner natürlichen Tendenz folgend, in tiefer gelegene Gartenteile abfließen, statt sich im Bereich des Sitzplatzes zu sammeln. Durch eine künstliche Terrassierung des Gartens läßt sich dem entgegenwirken. Podeste und niedrige Hecken halten das Ch'i auf den einzelnen Ebenen, Treppen stellen die Verbindung zwischen den einzelnen Gartenräumen her.

Sicherheit auf Schritt und Tritt

Insbesondere bei der Gestaltung häufig benutzter Treppen muß der Sicherheitsaspekt absoluten Vorrang haben. Feng Shui, das auf Kosten der Gesundheit geht, wäre ein Widerspruch in sich. Denken Sie daran, daß Holzstufen bei Nässe oder Frost überaus rutschig werden. Dasselbe kann für Naturstein gelten, wenn dieser z. B.

bereits Moos angesetzt hat. Je rauher die Oberfläche des Stufenmaterials, desto besseren Halt findet der Fuß. Legt man die Stufen ein wenig nach vorne geneigt an, können sich keine Pfützen aus Niederschlags- oder Gießwasser darauf bilden, die das Begehen gefährlich machen.

Treppen sollten mindestens 50 cm Breite aufweisen, ihre einzelnen Stufen nicht höher als 16 cm sein. Eine durchschnittliche Schrittlänge vorausgesetzt, ist bei einer Stufenhöhe von 16 cm ein Auftritt (Tiefe der Stufenfläche) von 33 cm erforderlich, andernfalls wird die Treppe unbequem zu begehen. Je flacher die Stufen, desto länger muß der Auftritt sein, bei 10 cm Stufenhöhe etwa sind 45 cm Auftrittiefe gerade recht. Innerhalb einer Treppe ist das Steigungsverhältnis unbedingt einheitlich zu halten.

Sorgen Sie vor allem für eine ausreichende Beleuchtung der Treppen in der Nacht. Auch einzelne Stufen auf einem Gartenweg müssen in der Dämmerung und nachts gut erkennbar sein, sollen sie nicht zur gefährlichen Stolperfalle werden. Eine seitlich offene Treppe braucht zudem ein festes Geländer oder zumindest eine niedrige seitliche Brüstung, damit niemand versehentlich ins Leere tritt.

Die verschiedenen Höhen und Tiefen der Treppenstufen im Feng-Shui-Garten in Husum entsprechen den idealen Maßen der chinesischen Gartengestaltung.

Jede Form von Wasser bringt Leben in den Garten.

Wasser, Quelle des Lebens

„Auf der Welt gibt es nichts, was weicher und dünner ist als Wasser. Doch um Hartes und Starres zu bezwingen, kommt nichts diesem gleich."
Laotse

Nach Meinung der Chinesen kann ein Garten ohne Wasser kein wirklich gutes Feng Shui haben. Wasser zieht Ch'i unwiderstehlich an, es lenkt den Energiefluß auf sanfte, harmonische Weise und verstärkt ihn dabei noch. Wasser lockt zudem Tiere an, von Käfern und Libellen bis hin zu Fröschen und Vögeln. Damit bringt es zusätzliches Leben in den Garten, was dessen Feng Shui überaus positiv beeinflußt. Fließendes Wasser, so wissen die Chinesen, hat auf das Ch'i eine intensivere Wirkung als stehendes. Ein Bachlauf durch den Vorgarten, dessen Wasser fröhlich vor sich hin plätschert, ist daher ideal. Doch auch ein stiller Teich mit einer üppigen Ufervegetation wertet einen Garten ungemein auf. Wasser in den Garten zu integrieren ist übrigens keine Frage der Grundstücksfläche: Selbst noch im kleinsten Garten, sogar in einem Hinterhof kann man Wasser plätschern lassen (siehe Seite 104 f.).

Schon die ältesten Feng-Shui-Meister empfahlen, insbesondere dann ein künstliches Gewässer im Garten anzulegen, wenn sich in der Nähe des Hauses kein natürliches Gewässer befindet. Diese Erkenntnis stammt aus einer Zeit, als es noch keine Wasserleitungen gab und man auf Quellen und gesammeltes Regenwasser angewiesen war, sofern man das nötige Naß nicht aus einem nahen Fluß holen konnte.

Bis zum heutigen Tag symbolisiert Wasser in den Augen der Chinesen vor allem materiellen Wohlstand. Deshalb darf ein Teich, ein kleiner Bach oder irgendein anderes Wasserelement in keinem ihrer Gärten fehlen, und sei es auch nur symbolhaft angedeutet. So findet sich z.B. in manchem chinesischen Garten ein kunstvoll angelegter trockener Bachlauf, in dessen Bett ein Wasserstrom aus Flußkieseln oder anderen Steinen „fließt".

Je umsichtiger und naturgetreuer ein Teich angelegt wird, desto schneller siedeln sich Tiere an.

Wasser wurde und wird in der europäischen Gartenkultur ebenso hoch geschätzt wie in der chinesischen. Insbesondere in der Renaissance wußte man es wirkungsvoll in Szene zu setzen. Italienische Renaissancegärten mit ihrer verschwenderischen Wasserfülle lassen uns noch heute ins Schwärmen geraten. Nicht anders als im Feng Shui war die Verwendung von Wasser als Fontänen, Springbrunnen oder Wassertreppen zur damaligen Zeit ein Zeichen von Reichtum und Wohlstand.

Der richtige Platz für ein Gewässer

Weil gemäß dem „Lehnstuhlprinzip" (siehe Seite 28 f.) hinter dem Haus maximale Stabilitat herrschen sollte, sind in einem Garten, der sich streng an den klassischen Feng-Shui-Regeln orientiert, Swimmingpools, Teiche und erst recht Bachläufe auf der Rückseite des Hauses fehl am Platze. Dessen ungeachtet wird die Frage, an welcher Stelle ein künstliches Gewässer denn am besten zur Wirkung kommt, in erster Linie von der jeweiligen Gartensituation entschieden. Feng Shui kann zwar Empfehlungen geben, im konkreten Einzelfall kommt es jedoch in erster Linie auf die räumlichen Gegebenheiten sowie auf die Bedürfnisse und den Geschmack der Bewohner an.

Vorzugsweise sollten Gewässer im südlichen oder östlichen Gartenbereich bzw. auf der Phönix- oder Drachenseite angelegt werden. Ein Teich braucht Sonne, möglichst 5 bis 6 Stunden am Tag, und die bekommt er am ehesten bei Südlage bzw. in der freien Fläche des

Phönixaspekts. Und wenn die Drachenseite des Gartens ein Höhenrelief aufweist, finden sich dort die idealen Bedingungen für einen Bachlauf oder sogar einen kleinen Wasserfall.

Lassen Sie in Ihre Überlegungen, wohin mit dem Gartengewässer, überdies die Fünf Elemente einfließen: Welche Gartenbereiche könnten in dieser Hinsicht einen Ausgleich vertragen? Wasser vermag einerseits den Holzaspekt eines Gartens zu stärken, andererseits mildert es die Wirkung des Elements Feuer (siehe Seite 12/13). Nicht

In diesem harmonischen Garten sind alle Elemente vereint: Feuer (rote Brücke), Holz (gerade hochwachsende Iris am Wasserrand), Erde (ruhige große Blätter am Ufer), Metall (runde Zierkugeln auf den Brückenpfosten) und natürlich Wasser.

zuletzt sollten Sie den richtigen Platz für einen Teich oder Bachlauf im Garten unter rein praktischen Gesichtspunkten auswählen. Ein Teich etwa, der unter einem großen, laubabwerfenden Baum angelegt wird, muß im Herbst immer wieder von Fallaub gereinigt werden. Eine flache, wassergefüllte Senke trocknet in vollsonniger Lage unweigerlich aus, wenn man nicht immer wieder Wasser nachfüllt.

In welcher Form auch immer Wasser im Garten verwendet wird, wichtig ist vor allem eines: Es muß stets frisch, klar und sauber sein – Eigenschaften, wie sie dem Ch'i selbst zugeschrieben werden. Wer in seinem Garten einen Teich anlegt, aber nicht bereit ist, ihn angemessen zu pflegen, tut besser daran, ihn wieder zuzuschütten. Trübes, verschlammtes oder veralgtes Wasser zieht anstelle von Ch'i nämlich Sha an, wie die Chinesen seit alters wissen. Denkt man an die früheren Zeiten, in denen eine Familie ihr Trinkwasser noch direkt aus einem See schöpfte, wird diese Einstellung zu verschmutztem Wasser schnell verständlich.

Ein Bach bringt Leben in den Garten

Ein Bachlauf symbolisiert wie kein anderes Gartenelement den Fluß des Lebens. Nach den klassischen Feng-Shui-Empfehlungen legt man ihn daher am besten in der „Karriere"-Zone des Baguas an (siehe Seite 15), um die stete Vorwärtsbewegung im Leben zu unterstützen. Karriere ist ja keineswegs nur im beruflichen Sinn gemeint, sondern bezeichnet ganz allgemein den persönlichen Lebensweg.

Doch auch in anderen Gartenbereichen ist ein plätschernder Bach eine große Bereicherung, vermag er doch den Ch'i-Fluß ungemein zu stimulieren. Bei einem Hanggarten bietet es sich geradezu an, das gegebene Gefälle für einen kleinen Bach auszunützen. Er kann sich von oben nach unten durch den ganzen Garten schlängeln und dabei einzelne Terrassen verbinden. Liegt das Anwesen dagegen in ebenem Gelände, wird der Bach wohl kürzer ausfallen. Ganz darauf verzichten muß man aber keineswegs. Um ein natürliches Fließen zu erreichen, genügen schon wenige Zentimeter Höhendifferenz. Eine leichte Erhebung läßt sich z. B. mit der Aushuberde schaffen, die beim Ausgraben eines Teichbeckens anfällt. Einen Bachlauf, den man von dem modellierten Hügel herab anlegt, läßt man dann am besten gleich in den Teich münden.

„Der höchst Gute ist wie Wasser. Wasser ist gut, allen Wesen zu nützen, und streitet nicht; es bewohnt, was die Menschen verabscheuen."
Laotse

Je stärker das Gefälle, desto lebhafter, ja wilder zeigt sich der Charakter des Bachs. Auch sein Plätschern und Glucksen ist um so lauter. Überlegen Sie daher vor dem Anlegen, welcher Bachtyp zu Ihrem Garten und vor allem zu Ihnen selbst paßt. Bestes Feng Shui erreichen Sie, wenn Sie das Bachbett so natürlich wie möglich gestalten. Geben Sie ihm einen unregelmäßigen, mäandrierenden Verlauf und bepflanzen Sie seine Ufer mit passenden Gewächsen. Ebenso macht sich ein kleiner Wasserfall gut, und sei er nur 10 cm hoch.

Besonders anregend wirkt es, wenn das Wasser eines flachen Bachs über schöne, runde Kiesel rinnt. Die Farben der Steine kommen im nassen Zustand viel besser zur Geltung, und die fließende

Dieser Bachlauf, umrahmt von den Blütenbällen der Hortensie, symbolisiert den Fluß des Lebens.

Bewegung des Wassers schmeichelt ihren glatten Rundungen. Halten Sie doch bei Spaziergängen und Wanderungen in der Natur die Augen offen und bringen Sie von Ihren Ausflügen auffallend gefärbte oder hübsch gemaserte Kiesel mit nach Hause, die Sie dann in das Bachbett im Garten integrieren.

Teiche, in denen sich der Himmel spiegelt

Teiche, so wissen die Chinesen, verhelfen ihren Besitzern zu materiellem Wohlstand. Was läge also näher, als einen Teich in der Bagua-Zone „Reichtum" zu plazieren. Wenn sich im Gartenteich zudem noch eine Schar Goldfische tummelt, verstärkt dies den positiven Effekt, denn Fische gelten als besondere Glücksbringer. Das frische, klare, lebenspendende Wasser eines Teichs steht aber nicht nur für Geld, sondern auch für so erfreuliche und ehrenwerte Eigenschaften wie Erfolg, Integrität, Reinheit, Makellosigkeit, Unbescholtenheit und Unbestechlichkeit.

Soll der Teich ungetrübtes Glück bringen, ist darauf zu achten, daß die Dimensionen von Grundstück, Gebäude und Wasserfläche in einem ausgewogenen Verhältnis zueinander stehen. Ein zu großer ebenso wie ein zu kleiner Teich kann das Feng Shui des Gartens ungünstig beeinflussen. Ein allzu ausgedehnter Teich zieht das Ch'i übermäßig an sich und damit weg vom Haus. Überdies wirkt ein großes, zumal tiefes und dunkles Wasser bedrohlich und ist für die Bewohner von Haus und Garten ungünstig.

Allerdings ist es sehr schwierig, konkrete Richtlinien für die geeignete Größe eines Gartenteichs zu geben, schließlich ist bei der Planung stets die individuelle Gartensituation zu berücksichtigen. Häufig bieten sich auf ein und demselben Grundstück sogar mehrere Lösungsmöglichkeiten an. Beim Abwägen und Entscheiden kann ein Gespräch mit einem Fachmann sehr hilfreich sein. Folgende Angaben sind als Orientierungshilfe gedacht:

- Ein Teich sollte allerhöchstens ein Drittel des Grundstücks einnehmen, dabei jedoch die Grundfläche des Hauses keinesfalls übertreffen.
- Falls Sie einen zu groß geratenen Teich im Garten haben, sollten Sie ihn optisch zu verkleinern suchen. Zu diesem Zweck bepflanzen Sie den Uferbereich reichlich mit verschiedenen Uferpflanzen (siehe Tabelle Seite 70). Achten Sie dabei darauf, daß man nach wie vor an mehreren Stellen ans offene Wasser herantreten kann. Die sich

„Der Vollendete gleicht dem Wasser: Allen Wesen spendet es willig Erquickung und Segen. Streitlos erfüllt es die Tiefen, die der Mensch flieht, und ist dem Tao am nächsten."
Laotse

In dem formschön angelegten Teich, in dem sich der Himmel spiegelt, kann sich viel Energie sammeln.

üppig entwickelnde Vegetation verkleinert nicht nur die Wasserfläche, sie erfreut auch unsere Sinne, lockt vielerlei Kleintiere an und wertet den Garten damit sowohl vom optischen wie vom ökologischen Standpunkt aus auf.

• Eine weitere und zudem äußerst reizvolle Möglichkeit zur Verkleinerung einer Wasserfläche besteht darin, eine Insel zu schaffen. Das dem Yin zugeordnete Wasser findet in einem großen Stein, einem typischen Yang-Element, als Insel eine harmonische Ergänzung.

Auf einer Insel im Teich einen Baum anzupflanzen bedeutet allerdings kein gutes Feng Shui. Es steht im Gegenteil eher für Einschränkungen und Schwierigkeiten. Das erklärt sich damit, daß unsere Grundstücke meist zu klein sind für eine Insel, die genügend Standfläche für einen Baum bietet. Und auf kleinen Inseln können sich Bäume, ausgenommen vielleicht die Sumpfzypresse *(Taxodium distichum)*, die allerdings auch bis zu 40 m hoch werden kann, nicht halten und verkümmern.

Vor allem blühende Wasserpflanzen, z.B. Seerosen, erhöhen das Ch'i.

• Als Mindestgröße für einen Teich, der bepflanzt werden soll, ist eine Wasserfläche von 25 m^2 und eine Wassertiefe von etwa 80 bis 100 cm zu empfehlen. Legt man den Teich kleiner an, wird sich kaum jemals ein biologisches Gleichgewicht einstellen, bei dem das Wasser allein durch die Stoffwechselprozesse der Pflanzen und Tiere rein gehalten wird.

Legen Sie den Gartenteich nach Möglichkeit in der Nähe des Hauses an, damit dessen Bewohnern das Ch'i des Wassers zuteil werden kann. Doch übertreiben Sie es nicht. Bei Teichen, die unmittelbar an das Gebäude angrenzen, etwa direkt neben einer Terrasse liegen, ist Vorsicht geboten. Bei unseren kalten Wintern können durch Eisbildung zerstörerische Kräfte auf die Fundamente und Mauern des Gebäudes einwirken. In entstehende feine Risse dringt dann leicht Feuchtigkeit ein – zweifellos ein wenig erfreulicher Effekt.

Den Chinesen ist die Problematik eines allzu nahen Wassers gleichfalls bekannt. Für sie gilt: Befindet sich ein Teich zu nahe am Gebäude, wird das Haus geradezu überrannt von starken Ch'i-Wellen, die alle Arten von Unheil anrichten. Feng-Shui-Meister wissen, daß eine Überdosis Yin-Energie, insbesondere in Kombination mit Feuchtigkeit, das Ch'i der Hausbewohner enorm schwächen kann, es geradezu „ertränkt". Sie kennen allerdings Lösungsmöglichkeiten für den Fall, daß ein bereits vorhandener Gartenteich zu nahe am Haus liegt. In dieser Situation kann man zum Beispiel

• den Abstand zwischen Haus und Teich zumindest optisch vergrößern, indem man einen sich windenden Weg zwischen Gebäude und Wasserfläche anlegt;
• oder zwischen Gebäude und Teich einen kleinen Hügel aufschütten, den man z. B. als Steingarten gestaltet;
• oder Ausgleich schaffen, indem man auf der dem Teich gegenüberliegenden Seite des Hauses einen Baum pflanzt. Dadurch vergrößert man den Wirkungsbereich des Hauses und zerstreut zu stark konzentriertes Ch'i.

Was für einen künstlichen Bachlauf gilt, trifft ebenso für einen von Menschenhand geschaffenen Teich zu: Er sollte eine möglichst natürliche Form aufweisen. Ein Gewässer mit unregelmäßigen Uferlinien hat weitaus besseres Feng Shui als ein rechteckiges oder quadratisches Wasserbecken. Letzteres eignet sich zwar als schmückendes Gartenelement, statt einer naturimitierenden Bepflanzung ist darin jedoch ein Wasserspiel besser aufgehoben. Für den Feng-Shui-Garten ideal ist ein nierenförmiger Teich, der das Haus gleichsam „umarmt". Wendet sich diese Form hingegen vom Gebäude ab, steht zu befürchten, daß das Ch'i gleichfalls vom Haus wegfließt und sich in der Umgebung zerstreut. Dies läßt sich nur verhindern, indem man ihm mit einer dahintergepflanzten Kombination aus Bäumen, Sträuchern und blühenden Stauden einen Halt gibt.

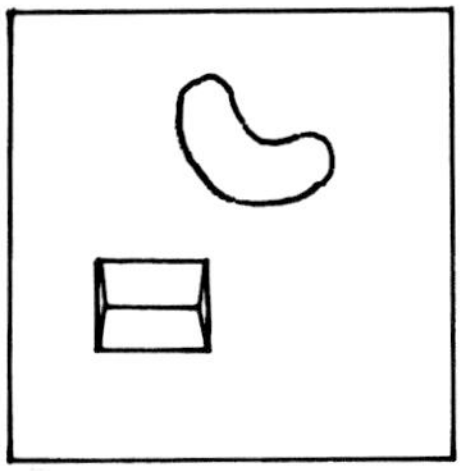

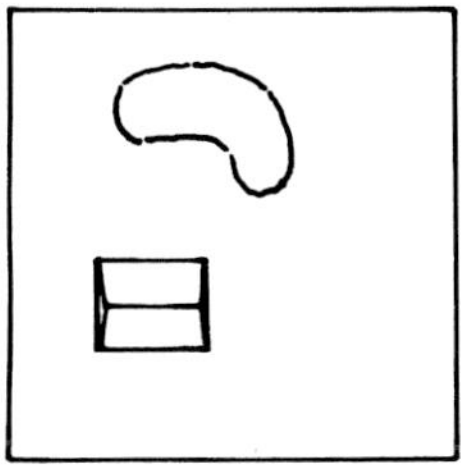

Ein nierenförmiger Teich, der das Haus „umarmt" (unten), ist ideal. Bei einem vom Haus abgewandten Teich (oben) fließt auch das Ch'i ab.

Feng Shui für Wasserratten: Der Schwimmteich im Garten

Wer sich an heißen Sommertagen gern im kühlen Naß erfrischt, schätzt einen Swimmingpool im Garten sicherlich über alles. Damit dieser neben dem Badespaß auch gutes Feng Shui in den Garten bringt, gilt es bei seiner Anlage einige Regeln zu beachten. Im Feng Shui sind scharfe Ecken und Kanten verpönt. Was Wunder, daß ein rechteckiger Pool, in den womöglich wie ein „Giftpfeil" noch ein kantiges Sprungbrett hineinragt, bei Feng-Shui-Beratern wenig Anklang findet. Besser ist ein ovales Becken, noch besser ein nierenförmiges. Am allerbesten jedoch fügt sich ein Schwimmbecken mit einer unregelmäßig geschwungenen Form in den Feng-Shui-Garten ein.

Achten Sie darauf, daß harmonische Proportionen zwischen Haus und Pool gewahrt bleiben. Zwar läßt es sich in einem großzügig bemessenen Becken wunderbar schwimmen, doch erzeugt es

In einem naturnah bepflanzten Schwimmteich bleibt das Wasser durch die Vegetation klar.

gleichzeitig unmäßig viel Ch'i und kann damit Haus und Garten geradezu „erschlagen". Wie für Gartenteiche gilt auch hier, daß die Wasserfläche keinesfalls größer als die Grundfläche des Hauses sein sollte. Je näher am Haus der Pool liegt, desto zurückhaltender sollte er dimensioniert sein.

Das Nonplusultra einer Bademöglichkeit im Garten ist zweifellos ein Schwimmteich, d.h. ein großer, naturnah bepflanzter Teich mit einer tiefen, freien Wasserzone, in der man schwimmen kann. Solch eine Kombination setzt allerdings ein entsprechend großes Grundstück voraus. Die Gewächse in der bepflanzten Zone halten auf natürliche Weise das Wasser sauber, so daß man ohne künstliche Wasseraufbereitung, z. B. Chlorzusatz, auskommt. Außerdem sorgen sie dafür, daß die Anlage rund ums Jahr einen attraktiven Anblick bietet – ganz im Gegensatz zu einem klassischen Swimmingpool, der außerhalb der Saison keine besondere Zierde darstellt. Nicht zuletzt hat das Baden in einer natürlich wirkenden Umgebung einen ungleich höheren Erlebniswert und führt überdies zu einer veränderten Einstellung gegenüber der Natur, wie es ganz im Sinne von Feng Shui ist.

Quellsteine und Wasserspiele

„Aufsteigt der Strahl und fallend gießt/ er voll der Marmorschale Rund,/die, sich verschleiernd, überfließt/in einer zweiten Schale Grund;/die zweite gibt, sie wird zu reich,/der dritten wallend ihre Flut,/ und jede nimmt und gibt zugleich/und strömt und ruht."
Conrad Ferdinand Meyer

Raum ist in der kleinsten Hütte – und ebenso im kleinsten Garten! Wenn die Grundstücksfläche nicht ausreicht, um einen Teich anzulegen, besteht immer noch die Möglichkeit, sich mit einem Brunnen, Steintrog oder Quellstein Wasser in den Garten zu holen. Selbst eine dekorative Schale, die als Vogelbad dient, erfüllt schon den Zweck. Besonderes Flair entwickeln Wasserspiele, die es in den verschiedensten Ausführungen gibt, sei es als Fontäne oder Wasserglocke, sei es als Brunnen mit gestaffelten oder gar mit beweglichen Elementen.

Selbstverständlich passen derartige Wasserspender gleichermaßen gut in große Anlagen. Neben einer ungemein schmückenden Wirkung sprechen auch noch weitere Gesichtspunkte für kleine Wasserbehälter oder Brunnen. So läßt sich damit z. B. das Element Wasser oft wesentlich leichter in die dafür günstigen Bagua-Zonen „Reichtum" und „Karriere" einführen als mit einem Teich, der ungleich aufwendiger zu erstellen ist, vom Platzbedarf ganz zu schweigen. Neben der Terrasse oder einem Gartensitzplatz wird Wasser zudem als Geräuschkulisse sehr geschätzt. Das Plätschern eines Brunnens oder Wasserspiels berührt unsere Sinne aufs angenehmste und lädt zum Träumen ein.

Der von Rosen umrahmte Brunnen lädt zum Meditieren ein.

Im Gegensatz zu einem Teich kann ein bloßes Wasserbecken sehr wohl eine streng geometrische Form aufweisen, ohne sich auf das Feng Shui des Gartens ungünstig auszuwirken. Achten Sie aber bei quadratischen oder rechteckigen Formen darauf, daß die Ecken, die ja bekanntlich Sha ausströmen, nicht in Richtung eines Sitzplatzes oder einer Tür weisen. Einzelne Wasserpflanzen, die man in speziellen Pflanzgefäßen in das Becken stellt, erhöhen noch den Reiz des Bildes und schaffen einen lebenden Ausgleich zum unbelebten Stein.

Nach der Lehre der Fünf Elemente wird Wasser durch Metall gefördert. Empfinden wir deshalb Bronzefiguren am Wasser als so harmonisch? Eine Kugel – als geometrische Form dem Element Metall zugeordnet –, die von Wasser umflossen wird, strahlt eine eigentümliche Faszination aus. Genauso spricht uns die Kombination von Wasser und Stein unwillkürlich an. Es ist die offenkundige Vereinigung von Yin und Yang, von hart und weich, von unbeweglich und fließend, die steinerne Brunnen so attraktiv macht. Feng Shui lehrt uns, dieses auch in den westlichen Kulturen altbekannte Wissen wieder neu zu beachten.

Ein Kranich aus Metall belebt die vom Rauhreif überzuckerte winterliche Landschaft.

Gutes Feng Shui durch die richtige Gartenausstattung

„Denn es könnte keine Harmonie geben, wenn es nicht hohe und tiefe Töne gäbe, und keine Lebewesen ohne das Dasein von männlichen und weiblichen Prinzipien, die einander entgegengesetzt seien."
Heraklit

Um einen Garten tatsächlich in ein Paradies zu verwandeln, bedarf es außer Pflanzen, Wegen und Wasser noch der passenden Einrichtungsgegenstände. Für einen Feng-Shui-Garten versteht es sich dabei von selbst, daß die Gegenstände nicht nur zweckmäßig sein, sondern auch zum Stil des Anwesens passen sollten. Bei der enormen Vielfalt des Sortiments fällt die Auswahl nicht immer leicht. Nehmen Sie sich reichlich Zeit dafür und vermeiden Sie bei der Auswahl der Möbel vor allem kurzlebige Modeerscheinungen und Kitsch.

Jeder Garten gewinnt durch schmückende Elemente und kleine Accessoires Charakter und Charme. Dekorative Pflanzgefäße für Kübelpflanzen auf der Terrasse, eine klassische Steinbüste vor der Buchshecke, glänzende Rosenkugeln oder farblich passende Windräder im Blumenbeet, all dies stellt eine schöne Ergänzung dar und verleiht dem Garten die persönliche Note. Sogar die vielgeschmähten Gartenzwerge können ihre Existenzberechtigung haben – sofern sie Ihnen wirklich am Herzen liegen. Schließlich bringt alles, was dazu beiträgt, daß Sie sich in Ihrem Garten wohl fühlen, ihn gern benutzen und mit Wohlwollen betrachten, gutes Feng Shui.

Gerade die kleineren Accessoires eignen sich ideal dafür, das Feng Shui des Gartens ganz gezielt zu verbessern. Ohne großen Arbeits- und Zeitaufwand lassen sich damit oftmals Schwachstellen stärken oder Ungleichgewichte beheben. Wesentlich leichter als mit Pflanzen, die bekanntlich häufiges Umsetzen wenig schätzen, können Sie mit der Anordnung von Ausstattungselementen so lange experimentieren, bis Sie die schönste Kombination und den idealen Platz für sie gefunden haben. Rücken Sie die Gartenmöbel mal in diese, mal in jene Ecke der Terrasse, bis Ihnen die Gruppierung gefällt, stellen Sie eine Skulptur versuchsweise an verschiedenen Stellen im Garten auf.

Selbst in einer Regentonne ist Platz für eine wasserspeiende Skulptur.

Wichtig ist, daß Sie den Kreislauf der Fünf Elemente und natürlich die Ausgewogenheit von Yin und Yang berücksichtigen. Versuchen Sie, mit jeder Gestaltungsvariante zunächst eine Weile zu leben, und beobachten Sie sich dabei selbst. Fühlen Sie sich wohl damit? Oder stört Sie noch irgend etwas? Bevor Sie einen Kompromiß mit dem eigenen Geschmack schließen, sollten Sie lieber noch eine weitere Variante ausprobieren.

Pergolen, luftige Schattenspender mit südlichem Flair

Wenn Sie in Ihrem Garten sehr viele sonnige Flächen, jedoch keinen Schattenplatz haben, an dem Sie gemütlich sitzen, mit der Familie oder mit Freunden essen, trinken und plaudern können, ist eine Pergola genau das richtige für Sie. Ganz abgesehen von dem praktischen Nutzen könnten Sie damit Yin und Yang, Licht und Schatten, zu einer besseren Ausgewogenheit führen.

Die typische Balkenkonstruktion einer Pergola schafft die Illusion eines Raums im Freien, insbesondere wenn sie direkt an das Haus anschließt, d.h. eine Terrasse überspannt. Ebensogut kann man eine Pergola zur „Überdachung" eines Wegs einsetzen, wie man es in wärmeren Klimazonen häufig sieht. Damit läßt sich auf perfekte Weise südländisches Flair in den Garten zaubern.

Die Stütz- und Querbalken einer Pergola dienen als Gerüst für Kletter- und Schlingpflanzen, die ihrerseits Schatten spenden. Ganz nebenbei sorgen die Pflanzen auch für Sichtschutz, was vor allem in kleinen, von oben einsehbaren Stadtgärten von großem Vorteil ist und einem Sitzplatz Intimität verleiht. Während in heißen Ländern für eine Pergolenbepflanzung vorwiegend immergrüne Gewächse verwendet werden, empfehlen sich in unseren Breitengraden eher laubabwerfende Kletterer, die in den sonnenarmen Wintermonaten genügend Licht in den Gartenraum und in das Haus lassen.

Die strenge, graphische Wirkung der parallelen Balken einer Holzpergola stellt einen reizvollen Gegensatz zu den weichen Formen des Pflanzenlaubs dar. Hart und weich – Yin und Yang! Besonders auffällig ist dabei das Schattenbild der Sparren auf dem Boden oder an der Hauswand. Es bildet sich ein markanter Hell-Dunkel-Kontrast der Schattenstreifen, und durch den wechselnden Sonnenstand ergeben sich immer wieder neue Muster.

Die von Wein überwachsene Pergola strahlt südliches Flair aus.

An Stellen, an denen Holzbalken zu wuchtig wirken würden, können gespannte Drahtseile deren Funktion als Gerüst für Kletterpflanzen übernehmen. Das setzt allerdings voraus, daß sich neben dem „überdachten" Weg oder Platz eine solide Mauer oder Stütze befindet, die den Spannhaken Halt gibt. Außerdem kommen viele Kletterpflanzen mit dem Temperaturunterschied der Metallseile schlecht zurecht. Einige Spezialisten winden sich jedoch gern an Drahtseilen zum Licht empor (siehe auch Tabelle Seite 68). Unter den mehrjährigen Gewächsen sind dies z.B. Strahlengriffel *(Actinidia-*Arten*)*, Pfeifenwinde *(Aristolochia macrophylla)*, Trompetenwinde *(Campsis radicans)*, Knöterich *(Fallopia-*Arten*)*, Hopfen *(Humulus lupulus)*, Geißblatt *(Lonicera-*Arten*)* oder Blauregen *(Wisteria-*Arten*)*. Unter den einjährigen Kletterpflanzen eignen sich z.B. Zierkürbis *(Cucurbita pepo* var. *ovifera)*, Japan-Hopfen *(Humulus scandens)*, Prunkwinde *(Ipomoea tricolor)*, Schwarzäugige Susanne *(Thunbergia alata)* oder Kapuzinerkresse *(Tropaeolum*-Arten*)*.

In chinesischen Gärten finden sich oft wunderschön gestaltete Tore, um verschiedene Gartenräume voneinander abzugrenzen und zugleich zu verbinden. In einem westlichen Garten kann eine kleine, freistehende Pergola diese Funktion übernehmen. Schon eine einfache einholmige Konstruktion, an der Kletterpflanzen emporklimmen, bringt als „Tor" Spannung in das Bild des Gartens. In einem allerdings sollten Sie es den Chinesen gleichtun: Gestalten Sie das Areal hinter dem Torbogen so, daß sich ein reizvoller Durchblick ergibt, der neugierig macht und dazu verlockt, das Tor zu durchschreiten, um das Dahinterliegende als Ganzes zu sehen.

**„Sein und Nichtsein erzeugen einander.
Schwer und Leicht vollenden einander.
Lang und Kurz gestalten einander.
Hoch und Tief verkehren einander."**
Laotse

Eine besonders romantische Version eines Laubengangs besteht aus einer Reihe von Rosenbögen, die, hintereinandergesetzt, ein kurzes Wegstück überspannen. Kletterrosen verzaubern den Weg dann mit Blütenpracht und ihrem Duft. Lassen Sie einen solchen Laubengang immer auf etwas zuführen, wenn es die Größe des Gartens erlaubt, z. B. auf eine Bank oder einen kleinen Sitzplatz. Sie werden es schon vermuten: Die beste Stelle für solch ein lauschiges Plätzchen ist die Bagua-Zone „Partnerschaft".

Die runde Öffnung des Mondtors im Feng-Shui-Garten in Husum stellt die Verbindung zwischen Garten und Umgebung her.

Gartenmöbel, schön und bequem

An verschiedenen Stellen dieses Buchs war bereits von Sitzplätzen die Rede, davon, wo man sie am besten anlegt (siehe Seite 48 ff.) und was man als Bodenbelag für sie verwenden kann (siehe Seite 88 ff.). Doch wäre ein Sitzplatz kein Sitzplatz, stünden dort nicht Gartenmöbel, auf denen man sich niederlassen kann. Die Möbel prägen gleichermaßen das optische Bild des Sitzplatzes wie sie ausschlaggebend dafür sind, ob man sich dort gern aufhält. Die Gartenmöbel sollen daher sowohl im Aussehen zum Stil des Hauses und des Gartens passen, als auch dem vorgesehenen Zweck dienen und vor allem bequem sein. Überlegen Sie also vor der Anschaffung, wofür Sie den jeweiligen Sitzplatz vorwiegend nutzen wollen. Wird die Familie im Sommer dort häufig die Mahlzeiten einnehmen? Oder werden Sie sich in erster Linie zum Ausruhen und Plaudern dorthin zurückziehen, vielleicht bei einem Täßchen Kaffee oder einem Glas Wein? Entsprechend unterschiedlich werden die Größe des Tisches und die Art der Bestuhlung ausfallen.

Bei der Auswahl der Möbel spielt auch das Material eine wichtige Rolle. Holzmöbel wirken sehr natürlich und sind deshalb besonders

An einem Sitzplatz wie diesem läßt sich der Frühling mit allen Sinnen erleben.

Korbmöbel sind nicht nur bequem, sondern lassen sich auch leicht überall hinstellen.

gut für den Garten geeignet. Sie sollten entweder imprägniert sein oder regelmäßig gestrichen werden. Erkundigen Sie sich nach natürlichen Ölen ohne chemische Zusätze, die Sie dafür verwenden können.

Sessel aus Rattan- oder Bambusgeflecht haben ein viel geringeres Gewicht als Holzmöbel und sind zudem herrlich bequem, müssen aber unbedingt regengeschützt stehen.

Stühle aus Metall passen gut zu einer modernen Gartengestaltung. Obgleich man es ihnen oft nicht ansieht, können sie durchaus bequem sein, vor allem in Verbindung mit losen Kissen. Allerdings vertragen sie keine Nässe, es sei denn, sie sind von Kunststoff überzogen.

Kunststoffmöbel schließlich sind leicht, wetterbeständig und bedürfen keiner Pflege, doch strahlen sie keinerlei natürlichen Charme aus und werden überdies beim Altern nicht schöner.

Nehmen Sie sich bei der Entscheidung Zeit und beziehen Sie sämtliche Kriterien in Ihre Überlegungen ein. Möbel, die nach Form und Material wunderbar in Ihren Garten passen, aber höllisch unbequem sind oder rasch unansehnlich werden, bringen kein gutes Feng Shui, ebensowenig wie die praktischsten, pflegeleichtesten Stücke, die in der Gartenumgebung „wie die Faust aufs Auge" wirken.

Sitzkissen und Polsterauflagen für Sessel, ebenso Tischdecken und die Bespannung von Sonnenschirmen sind Zubehör, mit dem vor allem farbliche Akzente gesetzt werden. Denken Sie dabei an die Zuordnung der verschiedenen Farben zu den einzelnen Elementen (siehe Seite 12/13) und nützen Sie die Möglichkeit, durch Einbringen einer Farbe Ausgleich zu schaffen oder ein bestimmtes Element ganz gezielt zu stärken. Auch die psychologische Wirkung der verschiedenen Farben (siehe Seite 79 ff.) sollten Sie in Ihre Überlegungen einbeziehen.

Wählen Sie bei einem Sitzplatz im Schatten helle, durchaus kräftige Farben für Sitzpolster und Tischdecke, am besten mit einem dezenten Muster. Auf einer sonnigen Terrasse sind dagegen eher gedämpfte Farbtöne angebracht. Letztlich aber muß Ihr persönlicher Geschmack bei der Farbwahl ausschlaggebend sein. Ihnen muß Ihre Sitzgruppe gefallen, Sie sollen sich mit und auf Ihren Gartenmöbeln wohl fühlen.

Was hinsichtlich der ausgleichenden Gestaltung für die Farbe gilt, trifft ebenso auf die Form der Möbel zu. So sollten Sie z. B. an einem abgesenkten Sitzplatz, der von sich aus bereits stark das Element Erde betont, nicht auch noch einen quadratischen Tisch plazieren, der ebenfalls dem Element Erde zugeordnet ist. Verwenden Sie dort lieber Gartenmöbel mit rechteckigen (Holz) oder runden (Metall) Formen.

Mehr als nur eine Sitzgelegenheit: die Bank

„Ist das Innere des Weisen in Ruhe, dann ist es wie ein Spiegel des Himmels und der Erde."
Chuang Tse

Eine Bank lädt ein zum Verweilen und Ausruhen, man kann sich auf ihr zurücklehnen und die Seele baumeln lassen. Genau das richtige also für den Garten! Natürlich kann eine Bank Bestandteil einer Sitzgruppe sein, doch ist hier hauptsächlich die Rede von einzeln stehenden Bänken, die in der Gartenlandschaft kleine Inseln der Erholung darstellen. Eine Bank hat eine besondere Ausstrahlung, die sie ihrer vielfältigen Funktion verdankt. Man kann auf ihr eine Last abstellen – im wörtlichen wie im übertragenen Sinn –, man kann ausruhen, nachdenken, beobachten, plaudern. Sie ruft geradezu auf zur Muße, zum Innehalten in einer ansonsten immer schnellebigeren Zeit.

Eine Bank schafft auch im persönlichen, zwischenmenschlichen Bereich Harmonie. Während ein Stuhl denjenigen, der darauf sitzt, isoliert, verbindet die Bank zwei Menschen, die auf ihr Platz genommen haben. Das geschieht schon allein dadurch, daß beide in dieselbe Richtung blicken, dasselbe vor Augen haben. Auf einer Bank

Herbstlich helles Leuchten läßt sich auf dieser Bank erfahren. Die Fruchtstände der Lampionblume verkörpern das Element Feuer.

sitzend läßt sich nicht gut streiten, weil man kein Gegenüber hat. Ein zorniger Blick, der nicht trifft, sondern ins Weite geht, verliert sogleich seine Schärfe.

Nicht zuletzt ist eine Bank, ob aus Metall, Holz oder Stein, ob modern oder nostalgisch, auch einfach Schmuck und Bereicherung für den Garten. All dies erklärt, daß Bänke im Feng Shui einen hohen Stellenwert haben. Allerdings müssen sie zum Stil des Gartens und seiner Bewohner passen und sich harmonisch einfügen in das Gesamtbild. In dieser Hinsicht gilt für sie das gleiche wie für die übrige Gartenausstattung. Stellen Sie eine Bank möglichst mit dem Rücken zu einer „Wand" auf, sei es eine Hauswand, Mauer, Hecke oder Strauchergruppe. Die Rückendeckung gibt dem Sitzenden unwillkürlich ein Gefühl der Sicherheit. Dann können Sie gelassen den Blick über einen reizvollen Gartenteil schweifen lassen.

„Der Gesang der Vögel macht die Berge noch stiller, das Zirpen der Zikaden läßt den Wald schweigen."
Inschrift im „Garten des törichten Politikers" in Suzhou

Kunstlicht und Lichtkunst

Von Licht und Schatten im Garten war schon mehrfach die Rede. Gemeint war bisher immer Sonnenlicht. Soviel ist jedenfalls klar: Licht jeglicher Art fördert den Ch'i-Fluß im Garten. Um den Garten auch außerhalb der Tageslichtstunden nutzen zu können, bedarf es einer künstlichen Beleuchtung. Vor allem Wege, die nachts begangen werden, müssen beleuchtbar sein. Dabei können die Lampen

Die zentral aufgestellte Laterne erhellt in den Abendstunden den Weg zum Haus.

auf Knopfdruck oder automatisch, z. B. mit Hilfe eines installierten Bewegungsmelders, eingeschaltet werden. Eine gute Ausleuchtung ist im Eingangsbereich, insbesondere an Treppen und einzelnen Stufen, wichtig. Desgleichen ist im Bereich der Haus- und Gartentür Licht erforderlich, zum einen, um Hausnummer und Namensschild lesbar zu machen, zum andern, um den Schlüssel suchen und das Schlüsselloch finden zu können. Doch übertreiben Sie es nicht mit der Ausleuchtung! Ein starker Strahler, der den ganzen Gartenraum in gleißendes Licht taucht, sorgt zwar für gute Sicht, aber nicht unbedingt für ein gutes Gefühl. Davon abgesehen, daß übertrieben helles Licht blendet, fühlt man sich dadurch eher bloßgestellt als geborgen.

Sinnvoll sind Lichtquellen fernerhin auf der Terrasse oder an einem Gartensitzplatz, an dem man an warmen Abenden noch speisen, feiern, plaudern oder lesen möchte. Für ein trautes Gespräch mag ja oft schon der Schein einer Kerze oder eines Windlichts genügen, in größerer Runde oder zum Lesen empfehlen sich elektrische Beleuchtungskörper. Wieder gilt es, das rechte Maß zu finden für die Ausleuchtung. Weder zu schwach soll sie sein noch blenden, weder allzu gleichförmig, denn das wirkt langweilig, noch so ungleichmäßig, daß „schwarze Löcher" entstehen. Probieren Sie Lampenstärke und -positionen unbedingt vorher aus, bevor Sie die Leitungen fest verlegen und Laternen oder Strahler endgültig befestigen.

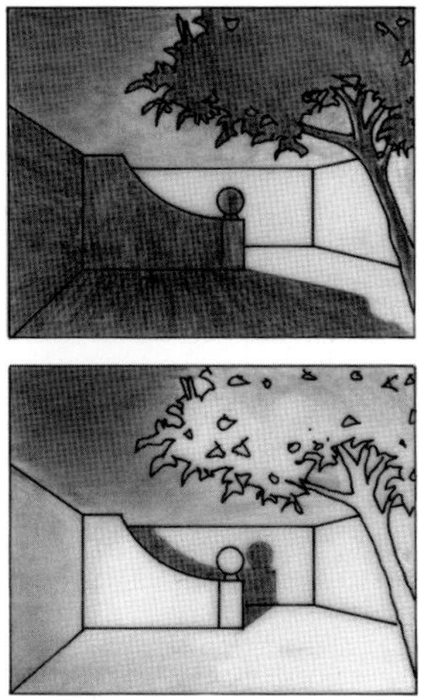

Licht will wohl dosiert sein. Es soll weder zu schwach sein oder wichtige Gartenteile im Dunkeln lassen, noch die Nacht zum Tage machen.

Neben der reinen Zweckbeleuchtung gibt es in der Gartengestaltung noch die effektvolle Dekorationsbeleuchtung. Sie verwendet stets gedämpftes und indirektes, d. h. vom Betrachter weg gerichtetes Licht. Meist kommen dafür bodennahe Strahler zum Einsatz.

Die richtige Illumination ist eine Kunst für sich. Sie kann ganz normale Gegenstände, etwa eine Skulptur, ein Pflanzgefäß oder einen Brunnen, zu wahren Kunstwerken erheben. Sie vermag einer Gartenszenerie, z. B. einem Teich, magischen Zauber zu verleihen oder einzelne Pflanzen zu Stars avancieren zu lassen. In jedem Fall erhöht sich das Ch'i des erhellten Objekts und seiner Umgebung erheblich.

Besonders wirkungsvoll ist es, wenn beleuchtete Gartenelemente von Wohnräumen aus zu sehen sind. Das Licht wird den Blick unwiderstehlich nach draußen ziehen. Dadurch rückt, vor allem in der kalten Jahreszeit, der Garten immer wieder ins Bewußtsein. Bei aller winterlicher Häuslichkeit ist auf diese Weise dafür gesorgt, daß der Bezug zur Natur nicht verlorengeht. Doch verzichten Sie darauf, durch künstliche Beleuchtung ganzer Gartenpartien die Nacht zum Tag zu machen. Feng Shui heißt leben mit der Natur, und zu dieser gehört nun einmal der rhythmische Wechsel zwischen Hell und Dunkel. Mit anderen Worten: Es muß im Garten auch einmal Nacht sein dürfen.

Die welligen Blätter der Funkie umspielen diese Steinplastik und mildern die gegensätzlichen Formen des runden Steinrads und des quadratischen Sockels.

Kunstobjekte im Garten

„Sonnenschein ist Malerei, Mondschein Skulptur."
Nathaniel Hawthorne

Ein gelungener Feng-Shui-Garten stellt zweifellos in seiner Gesamtheit ein Kunstwerk für sich dar. Doch sollten darin einzelne, von Menschenhand geschaffene Kunstobjekte keinesfalls fehlen. Sie schmälern durchaus nicht die Bemühung, Naturnähe zu schaffen, sondern machen den Garten nur noch attraktiver und persönlicher, was seine positive Wirkung auf die Menschen weiter steigert. Nichts eignet sich besser, um Akzente zu setzen, Schwachstellen auszugleichen oder die Persönlichkeit des Gartenbesitzers zum Ausdruck zu bringen, als skulpturale Elemente. Daß diese zum Charakter des Gartens passen müssen, versteht sich von selbst. Eine abstrakte Skulptur wird in einem traditionellen Bauerngarten kaum Bewunderung, eher Kopfschütteln hervorrufen, eine klassische Büste oder griechische Amphore wirkt zwischen Sandkasten und Kinderschaukel reichlich fehl am Platz. Doch gibt es für jeden Gartentyp passende „Kunststücke", ob aus Stein, Holz oder Metall, ob teure Künstler-Originale oder preiswerte Stücke aus industrieller Fertigung. Für was immer Sie sich entscheiden, es sollte den Blick auf sich ziehen.

Achten Sie dabei jedoch auf ausgewogene Größenverhältnisse. Eine zu große Plastik in einem kleinen Garten macht leicht einen protzigen Eindruck, so, als versuche sie, die Pflanzen in eine Statistenrolle zu drängen. Eine kleine Figur, die aus einiger Entfernung oder vom Haus aus schon nicht mehr zu sehen ist, muß im Garten so plaziert werden, daß sie als überraschendes Element dient, das man erst beim genaueren Hinsehen entdeckt. Kleinere Kunstobjekte lassen sich aber auch durch die passende Umgebung zum Blickfang machen. Man kann sie z. B. erhöht plazieren, etwa auf einen Sockel, eine Säule oder eine Treppenstufe stellen, oder einen hübschen pflanzlichen Rahmen für sie schaffen.

Pflanzgefäße in bunter Vielfalt

Nicht alle Pflanzen im Garten müssen im Boden wurzeln, einzelne Exemplare können als Topf- oder Kübelpflanzen Terrassen, Wege, gepflasterte Plätze oder Innenhöfe verschönern. Mit Kübelpflanzen kann man Farbe und Leben an scheinbar öde Stellen bringen und damit Ch'i dorthin lenken. In vielen Fällen sind sie ein probates

So hübsch bepflanzte Gefäße beleben jede Gartenecke.

Mittel, um Gartenbereiche mit wenig Ch'i ohne viel Aufwand „aufzumöbeln". Sollte ein erster Gruppierungsversuch mißlingen, lassen sich die Pflanzen in den Gefäßen nach Belieben umarrangieren, einzelne Töpfe hinzufügen oder wegnehmen.

Viele Pflanzen, die den Winter bei uns im Freien nicht überstehen würden, sind in Gefäßen gut zu kultivieren. So manche exotische Schönheit schmückt auf diese Weise die Terrasse oder den Vorgarten. In der kalten Jahreszeit holt man sie dann ins Haus, wo man ihnen ein helles, kühles, frostfreies Winterquartier zur Verfügung stellt. Sofern sich dieses nicht gerade im Keller befindet, zeigen sich die Pflanzen für die Fürsorge dadurch erkenntlich, daß sie ihr starkes Ch'i nunmehr im Haus zur Wirkung kommen lassen.

Tongefäße müssen im Winter ins Haus geholt werden, damit sie der Frost nicht sprengt.

Pflanzgefäße, die ganzjährig im Freien verbleiben sollen, müssen in unseren Breitengraden unbedingt aus einem frostbeständigen Material sein. In erster Linie kommt hier Holz und Stein in Frage. Bei Tongefäßen läßt sich die Frostbeständigkeit steigern, indem man die Pflanzen in einen Gitterkorbeinsatz setzt. Auf diese Weise hat das Tongefäß keinen direkten Kontakt zum feuchten Substrat, und das Risiko, daß es bei Minustemperaturen gesprengt wird, ist bedeutend geringer. Um ein Durchfrieren des Ballens zu vermeiden, müssen die Kübelpflanzen an einer hausnahen, geschützten Stelle stehen. Alternativ können Sie die Gefäße auch dick mit Stroh oder Noppenfolie einpacken.

Achten Sie stets darauf, Kübelpflanzen an einer windgeschützten Stelle aufzustellen. Erstens vertragen die meisten Pflanzen Zugluft überhaupt nicht, und zweitens besteht immer die Gefahr, daß Pflanze samt Gefäß bei einem Windstoß umgerissen wird und das Gefäß dabei zu Bruch geht. Es versteht sich von selbst, daß die Gewächse genug Licht bekommen müssen, sollen sie zufriedenstellend gedeihen. Auch sollte der Topf bequem zu erreichen sein, damit die notwendigen Pflegehandgriffe nicht zu täglichen Turnübungen werden.

Wichtig ist, daß die Pflanze und das Gefäß, in dem sie wächst, harmonisch aufeinander abgestimmt sind. Das gilt nicht nur für das richtige Größenverhältnis, sondern auch für die Form. Zu einem Gewächs mit strenger, graphischer Wuchsform, etwa einer Palme oder einem Säulenkaktus, paßt hervorragend ein schlichtes, geradwandiges Gefäß, während sich eine üppige Blattpflanze in einem bauchigen Gefäß gut macht. Desgleichen ist eine Hängepflanze, die aus einer hohen, schlanken Amphore quillt, ein hübsches Bild. Bunte Sommerblumen hingegen sehen eher in einer breiten, flachen Schale ansprechend aus. Eine Pflanze mit kugeliger Kronenform, etwa eine Hochstamm-Margerite oder ein Buchsbäumchen, kommt in einem quadratischen Gefäß besonders gut zur Geltung, denn das Element Erde, das Quadrat, fördert das Element Metall, repräsentiert durch die Kugelgestalt. Kräftig rote Blüten, die das Element Feuer symbolisieren, werden in ihrer Feng-Shui-Wirkung gefördert, wenn man die Pflanze in ein Holzgefäß setzt, denn schließlich nährt, d. h. verstärkt Holz das Feuer noch.

In amphorenartigen Tongefäßen wirken alle Pflanzen besonders dekorativ.

Accessoires im Trend der Zeit

Die einen bezeichnen sie als nutzlosen Schnickschnack, die anderen halten sie für die i-Tüpfelchen der Gartengestaltung. Die Rede ist hier von glitzernden Windrädchen, überdimensionalen Keramikschnecken, bunten Holzvögeln, die auf Stäbchen zwischen die Pflanzen gesteckt werden, und dergleichen mehr. Der Grat zwischen Kunst und Kitsch ist hier besonders schmal. Geschmackvoll ausgewählte Accessoires für Garten und Terrasse geben einer Gartenszene tatsächlich den letzten Schliff und verleihen ihr das gewisse Etwas. Besonders Gegenstände, zu denen man eine persönliche Beziehung hat, werten den Garten für den Besitzer enorm auf und tragen dadurch zur Verbesserung des Feng Shui bei. Das können Dinge sein, die man von guten Freunden geschenkt bekommen hat, desgleichen Reisesouvenirs, die die Erinnerung an schöne Urlaubswochen wachhalten, Kunsthandwerk oder natürliche Raritäten, die man z. B. von einer Wanderung mit nach Hause gebracht hat, etwa eine bizarr geformte Wurzel, ein glitzernder Quarzkristall oder ein schön gemaserter, glatt geschliffener Flußkiesel. Wer den Charme des Gebrauchten liebt, wird womöglich auf Flohmärkten geeignete „Schmuckstücke" für seinen Garten finden.

Lassen Sie Ihre Kreativität walten und probieren Sie ruhig verschiedene Dekorationsmöglichkeiten aus. Mit keinem anderen gestalterischen Element läßt sich im Garten so leicht experimentieren wie mit den kleinen Accessoires, sind sie doch problemlos gegen etwas anderes auszutauschen oder an eine andere Stelle zu versetzen, wenn man mit ihrer Wirkung nicht zufrieden ist.

Im Feng Shui haben die kleinen Dekorationsobjekte neben der reinen Schmuckwirkung noch eine weitere, wichtige Funktion: Sie lassen sich überall dort als schnelle „Heilmittel" einsetzen, wo es mit der Harmonie noch hapert. Durch die Wahl entsprechender Formen und/oder Farben können Sie für einen gewissen Ausgleich der Fünf Elemente sorgen (siehe dazu Seite 12 ff.) und ebenso Yin und Yang besser ins Gleichgewicht bringen. Setzen Sie Farbakzente aber behutsam, ohne dabei ins Kunterbunte abzugleiten. Allzu „fröhliche" Farbmischungen entsprechen eher einer westlichen Modeerscheinung als dem Stil von Feng Shui.

„Der weise Mann schickt sich in die Umstände, wie das Wasser die Form seines Gefäßes annimmt und doch das gleiche bleibt."
Chinesisches Sprichwort

Um Ch'i gezielt an einer bestimmten Stelle zu sammeln, eignen sich liegende, farbig glasierte Keramikkugeln oder Rosenkugeln aus farbigem Glas besonders gut. Die Lichtreflexe auf ihrer glänzenden Wölbung bringen zusätzliche Energie in jede Gartenszene. Ausgesprochen belebend wirken auch alle Arten von Tieren – selbst wenn diese aus Ton, Porzellan, Holz oder Metall sind. Vorsicht ist jedoch geboten mit kitschigen Comic-Figuren. Als bloße Zerrbilder des Natürlichen, zumal häufig aus rein synthetischem Plastikmaterial bestehend, sind sie nach der Lehre des Feng Shui eher Quellen des Sha.

An dieser Stelle ein Wort zu den vielgeliebten und oft geschmähten Gartenzwergen: Obzwar kein Feng-Shui-Meister sie als Stilmittel zur Gartengestaltung empfehlen wird, seien sie doch nicht in Bausch und Bogen verdammt. Wessen Herz an den bärtigen, pausbäckigen Gesellen hängt, der möge ihnen ruhig ein Plätzchen in seinem Garten einräumen – auch ohne ihre spitzen, roten Zipfelmützen zu Symbolen des Elements Feuer zu deklarieren, nur um ihnen eine Existenzberechtigung im Feng-Shui-Garten zu verschaffen. Ausschlaggebend ist vielmehr, daß sich ihr Besitzer in ihrer Gegenwart wohl fühlt. „Des Menschen Wille ist sein Himmelreich", nach deutscher Spruchweisheit ebenso wie nach fernöstlicher Philosophie.

Die chinesische Steinplastik, die sich im Wasser widerspiegelt, zieht den Blick auf sich.

LandschaftsArchitektin,
Dipl.-Ing. FH
Elisabeth Kislinger
Alte Poststraße 43 b
85356 Freising
Tel.: 0 81 61/8 56 75
Fax: 0 81 61/23 16 27
E-mail:
E.Kislinger@t-online.de

Elisabeth Kislinger

Die Autorin wurde 1963 in Landshut geboren, besuchte nach der Ausbildung zur Floristin und einigen Gesellenjahren die Staatliche Fachschule für Blumenkunst in Freising. Anschließend studierte sie an der Fachhochschule Weihenstephan Landschaftsarchitektur.

Nach ihrem Studienabschluss im Jahr 1996 arbeitete Elisabeth Kislinger als freischaffende Diplomingenieurin der Landschaftsarchitektur und verwirklichte ihre Diplomarbeit „Garten – Symbol des Lebens" für die Bayerische Landesgartenschau 1998. Dieser poetische Garten, dessen Gestaltung den Lebensweg eines Menschen symbolisch nachvollzieht, ist inzwischen Teil eines öffentlich zugänglichen Parks in Neumarkt/Oberpfalz.

Außerdem absolvierte sie Ausbildungen zur Diplom-Feng-Shui-Beraterin (Professor Dr. Sir Jes T. Y. Lim) und zum NLP-Master (Deutscher Verband für Neuro-Linguistisches Programmieren DVNLP).

Ihr Tätigkeitsschwerpunkt als freischaffende Landschaftsarchitektin liegt in der Gestaltung von Außenanlagen von Banken, Schulen, Kindergärten, Wohnanlagen, Seniorenwohnheimen, von öffentlichen Plätzen und von Privatgärten. Dabei legt sie großen Wert auf die Betonung der Schönheit und Eigenart des Ortes und die Abstimmung der Planung auf die Bedürfnisse der Benützer.

Das Buch „Feng Shui im Garten", erstmals erschienen im Mosaik-Verlag und ins Spanische, Ungarische, Slowenische und Tschechische übersetzt, sowie Veröffentlichungen in verschiedenen Gartenzeitschriften (Kraut und Rüben, Mein schöner Garten, mein schönes zuhause und Home & Gardens) belegen ihr gestalterisches Werk.

An ihre Projekte stellt Elisabeth Kislinger stets einen hohen künstlerischen und technischen Anspruch. „Meine individuelle Arbeitsweise ermöglicht mir, die Ausstrahlung des jeweiligen Ortes und die Wünsche des Bauherrn bewusst wahrzunehmen und zu integrieren; so entstehen viele Gestaltungsideen während des Arbeitsprozesses. Ich arbeite assoziativ-spielerisch aus einem großen Ideenfundus und Erfahrungsschatz mit dem Ziel einer spürbar harmonischen und ganzheitlichen Freiraumgestaltung."

Dr. Helga Hofmann

Frau Dr. Hofmann studierte in München Biologie und Chemie und schloss ihr Studium mit einer Promotion in Botanik ab. Nach einem Jahrzehnt in Forschung und Lehre wandte sie sich ganz dem gedruckten Wort zu. Als Fachredakteurin und Lektorin befasste sie sich nicht nur mit den Biowissenschaften, sondern vielfach auch mit Zier- und Nutzpflanzen sowie anderen Gartenthemen.

Soweit ihr Familie und eigener Garten die nötige Zeit lassen, greift sie auch immer wieder selber zur Feder und publiziert Bücher und Artikel, in denen sie die Zusammenhänge der Natur einer breiten Leserschaft näher bringen möchte.

Deutsche Pflanzennamen

Botanische Pflanzennamen

Feng-Shui-Gärten, die Sie besuchen können

Feng-Shui-Garten Husum
Informationen über den Garten sowie Führungen erhalten Sie über
Herrn Manfred Jelinski
Magnussenstraße 8
25872 Ostenfeld

Feng-Shui-Garten Zürich
„Drei Freunde im Winter"
Informationen über den Garten sowie über Führungen durch den Garten erhalten Sie über das Amt der Wasserversorgung Zürich
Frau Doris Antonioli
Hardhof 9
CH-8023 Zürich
www.chinagarten.ch

Feng-Shui-Gartengestaltung

Dipl.-Ing. Elisabeth Kislinger
LandschaftsArchitektin
Alte Poststraße 43b
85356 Freising
E-mail:
E. Kislinger@t-online.de

Feng Shui-Seminare

FreiRaum
Barbara & Peter Newerla
Lindenstraße 35
72108 Rottenburg
E-mail: newerla@web.de

Danksagung

Seit vielen Jahren beschäftige ich mich mit der chinesischen Philosophie und der Lehre des Feng Shui und habe dadurch einen neuen Blick für die Welt bekommen. Viele Menschen sind mir dabei begegnet, die für meine Fragen offen waren, und ihnen möchte ich danken.
Mein besonderer Dank gilt meiner Familie und meinem Freundeskreis, die mich unterstützt haben, Helga Hofmann und den Mitarbeiterinnen des Mosaik Verlags für die angenehme Zusammenarbeit.

Bildnachweis

Umschlagfoto: Ursel Borstell
Ursel Borstell: 4 (1, 3, 4), 5 (2), 8, 17, 21, 23, 24, 25, 27, 38, 41, 42, 73, 77, 80, 84, 101, 106, 107, 114, 117, 122, 126
IFA-Bilderteam: 10 (Tschanz), 11 (Harris), 33 (Aberham)
Elisabeth Kislinger: 26, 32, 74, 88, 95
Mosaik Verlag: 5 (1), 6/7, 53, 58, 59, 60, 61, 63, 66, 72, 75, 81, 92, 97, 102, 116, 118, 121
Peter Newerla: 2, 4 (2), 5 (4), 18, 109
Ulrike Schneiders: 5 (3), 34, 37, 40, 45, 47, 57, 71, 78, 82, 83, 86, 98, 100, 105, 108, 110, 113
Gitte und Siegfried Stein: 104
GartenBildAgentur Strauß: 44, 54, 96, 111, 119
Ingeborg Tschakert: 30, 49, 50, 51, 64

Zeichnungen: Thomas Gardai, Freising

ISBN 3 8094 1571 5

Redaktionsleitung: Halina Heitz
Redaktion: Siegrid Kroeber, Annette Baldszuhn
Redaktion für diese Ausgabe: Herta Winkler
Bildredaktion: Helga August
Buchgestaltung/DTP: Peter Pleischl
Umschlaggestaltung: soldan advertising, München
Reproduktionen: Artilitho, Trento

Druck: Těšínská tiskárna, a. s., Český Těšín
Printed in the Czech Republic

121/111110199X817 2635 4453 6271